सप्तपर्णा

सप्तपर्णा

महादेवी वर्मा

लोकभारती प्रकाशन

पहली मंजिल, दरबारी बिल्डिंग, महात्मा गाँधी मार्ग, इलाहाबाद-1

लोकभारती प्रकाशन
पहली मंजिल, दरबारी बिल्डिंग, महात्मा गाँधी मार्ग
इलाहाबाद-211 001

वेबसाइट : www.lokbhartiprakashan.com
ईमेल : info@lokbhartiprakashan.com

शाखाएँ : 1-बी, नेताजी सुभाष मार्ग, दरियागंज
नयी दिल्ली-110 002
अशोक राजपथ, साइंस कॉलेज के सामने
पटना-800 006 (बिहार)
36-ए, शेक्सपियर सरणी
कोलकाता-700 017

इस रूप में पहली बार : 2015

इण्डियन प्रेस प्रा. लि.
इलाहाबाद द्वारा मुद्रित

SAPTPARNA
by Mahadevi Verma

ISBN : 978-81-8031-339-4

मूल्य : ₹ 400

कृती कवि श्री सुमित्रानन्दन पन्त
को
जिनकी षष्ठिपूर्ति के वर्षों ने, नूतन
किशलय-सुमनों में नव-नव अवतार
लेनेवाले पल्लवों के समान झर
कर सार्थकता पायी है

अनुक्रमणिका

अपनी बात

एक विशेष भू-खण्ड में जन्म और विकास पानेवाले मानव को अपनी धरती से पार्थिव अस्तित्व ही नहीं प्राप्त होता, उसे अपने परिवेश से विशेष बौद्धिक तथा रागात्मक सत्ता का दाय भी अनायास उपलब्ध हो जाता है। वह स्थूल-सूक्ष्म, बाह्य-आन्तरिक तथा प्रत्यक्ष-अगोचर ऐसी विशेषताओं का सहज ही उत्तराधिकारी बन जाता है जिनके कारण मानव-समष्टि में सामान्य रहते हुए भी सबसे भिन्न पहचाना जा सकता है। यह सामान्यता में विशेषता न उसे मानव-समष्टि के निकट इतना अपरिचित होने देती है कि उसे आश्चर्य समझा जा सके और न इतना परिचित बना देती है कि उसके सम्बन्ध में जिज्ञासा ही समाप्त हो जाय।

इस प्रकार प्रत्येक भू-खण्ड का मानव दूसरों को जानता भी है और अधिक जानना भी चाहता है।

मनुष्य की स्थूल पार्थिव सत्ता उसकी रंग-रूपमयी आकृति में व्यक्त होती है। उसके बौद्धिक संगठन से, जीवन और जगत् सम्बन्धी अनेक जिज्ञासाएँ, उनके तत्त्व की शोध और समाधान के प्रयास, चिन्तन की दिशा आदि संचालित और संयमित होते हैं। उसकी रागात्मक वृत्तियों का संघात उसके सौन्दर्य-संवेदन, जीवन और जगत् के प्रति आकर्षण-विकर्षण, उन्हें अनुकूल और मधुर बनाने की इच्छा, उसे अन्य मानवों की इच्छा से सम्पृक्त कर अधिक विस्तार देने की कामना और उसकी कर्म-परिणति आदि का सर्जक है।

मानव-जाति की इन मूल प्रवृत्तियों के लिए वही सत्य है जो भवभूति ने करुण रस के सम्बन्ध में कहा है—

एको रसः करुण एव निमित्त भेदा-
द्भिन्नः पृथक् पृथगिवाश्रयते विवर्त्तान्।
आवर्तबुद्बुद तरङ्गमयान् विकारा-
नम्भो यथा सलिलमेव तु तत्समग्रम्॥

: एक करुण रस ही निमित्त भेद से भिन्न-भिन्न मनोविकारों में परिवर्तित हो जाता है, जिस प्रकार आवर्त, बुद्बुद, तरंग आदि में परिवर्तित जल, जल ही रहता है।

यह निमित्त भेद अर्थात् देश, काल, परिवेश आदि से उत्पन्न विभिन्नताएँ, एक मानव या मानव-समूह को दूसरों से सर्वथा भिन्न नहीं कर देतीं, प्रत्युत वे उसे पार्थिव, बौद्धिक और रागात्मक दृष्टि से विशेष व्यक्तित्व देकर ही मानव सामान्य सत्य के लिए प्रमाण प्रस्तुत करती हैं।

किसी मानव-समूह को, उसके समस्त परिवेश के साथ तत्त्वतः जानने के लिए जितने माध्यम उपलब्ध हैं, उनमें सबसे पूर्ण और मधुर उसका साहित्य ही कहा जायगा। साहित्य में मनुष्य का असीम, अतः अपरिचित और दुर्बोध जान पड़नेवाला अन्तर्जगत् बाह्य जगत् में अवतरित होकर निश्चित परिधि तथा सरल स्पष्टता में बँध जाता है तथा सीमित, अतः चिर-परिचय के कारण पुराना लगनेवाला बाह्य जगत् अन्तर्जगत् के विस्तार से मुक्त होकर चिर नवीन रहस्यमयता पा लेता है। इस प्रकार हमें सीमा में असीम की और असीम में सम्भावित सीमा की अनुभूति युगपद् होने लगती है। दूसरे शब्दों में, हम कुछ क्षणों में असंख्य अनुभूतियों और विराट् ज्ञान के साथ जीवित रहते हैं, जो स्थिति हमारे शान्त जीवन को अनन्त जीवन से एकाकार कर उसे विशेष सार्थकता और सामान्य गन्तव्य देने की क्षमता रखती है। प्रवाह में बनने मिटनेवाली लहर नव-नव रूप पाती हुई लक्ष्य की ओर बढ़ती रहती है, परन्तु प्रवाह से भटककर, अकेले तट से टकराने और बिखर जानेवाली तरंग की यात्रा वहीं बालू-मिट्टी में समाप्त हो जाती है। साहित्य हमारे जीवन को, ऐसे एकाकी अन्त से बचाकर उसे जीवन के निरन्तर गतिशील प्रवाह में मिलने का सम्बल देता है।

जहाँ तक परिवर्तन का प्रश्न है, मनुष्य के पार्थिव परिवेश में भी निरन्तर परिवर्तन हो रहा है और उसके जीवन में भी। जहाँ किसी युग में ऊँचे पर्वत थे, वहाँ आज गहरा समुद्र है और जहाँ आज अथाह सागर लहरा रहा है, वहाँ किसी भावी युग में दुर्लंघ्य पर्वत शिर उठाकर खड़ा हो सकता है। इसी प्रकार मनुष्य के जीवन ने भी सफल-असफल संघर्षों के बीच जागकर, सोकर, चलकर, बैठकर, यात्रा के असंख्य आयाम पार किये हैं। पर न किसी भौगोलिक परिवर्तन से धरती की पार्थिव एकसूत्रता खण्डित हुई है, न परिवेश और जीवन की चिर नवीन स्थितियों में मनुष्य अतीत बसेरों की स्मृति भूला है।

अपने विराट् और निरन्तर परिवर्तनशील परिवेश तथा अनदेखे अतीत और केवल कल्पना में स्थिति रखनेवाले भविष्य के प्रति मनुष्य की आस्था इतनी विशाल और गुरु है कि उसे सँभालने के लिए उसने एक विराट्, अखण्ड और सर्वज्ञ सत्ता को खोज लिया है जो हर अप्रत्यावर्तित अतीत की साक्षी और हर अनागत भविष्य से प्रतिश्रुत है।

हमारा विशाल देश, असंख्य परिवर्तन सँभालनेवाली अखण्ड भौगोलिक पीठिका की दृष्टि से विशेष व्यक्तित्व रखता है। इसके अतिरिक्त मनुष्य जाति के बौद्धिक और रागात्मक विकास ने उस पर जो अमिट चरणचिह्न छोड़े हैं, उन्होंने इसके सब ओर महिमा की विशेष परिधि खींच दी है। यह उसका दाय भी है और न्यास भी।

जिस प्रकार ऊँचे पर्वत-शिखर पर जल, हिम बनकर शिला-खण्डों के साथ पाषाण रूप में अनन्त काल तक स्थिर भी रह सकता है और अपनी तरलता के साथ प्रपात और प्रपात से नदी बनकर निरन्तर प्रवाहित भी होता रह सकता है, इसी प्रकार मानव-संस्कृति को विकास के एक बिन्दु पर चिर निस्पन्दता भी प्राप्त हो सकती है और अनवरत प्रवाहशीलता भी। एक में एकरस ऊँचाई है और दूसरी स्थिति में समतल पाने के लिए भी पहले उसका निम्नगा होना अनिवार्य ही रहेगा।

धरती के प्रत्येक कोने और काल के प्रत्येक प्रहर में मनुष्य का हृदय किसी उन्नत स्थिति के भी पाषाणीकरण को अभिशाप मानता रहा है। इस स्थिति से बचने के उसने जितने प्रयत्न किये हैं उनमें साहित्य उसका निरन्तर साक्षी रहा है।

दर्शन पूर्ण होने का दावा कर सकता है, धर्म अपने निर्भ्रान्त होने की घोषणा कर सकता है, परन्तु साहित्य मनुष्य की शक्ति-दुर्बलता, जय-पराजय, हास-अश्रु और जीवन-मृत्यु की कथा है। वह मनुष्य रूप में अवतरित होने पर स्वयं ईश्वर को भी पूर्ण मानना अस्वीकार कर देता है।

पर इस स्वेच्छा स्वीकृत अपूर्णता या परिवर्तनशीलता से जीवन और उसके विकास की एकता का सूत्र भंग नहीं होता।

नदी के एक होने का कारण उसका पुरातन जल नहीं, नवीन तरंगभंगिमा है। देश-विशेष के साहित्य के लिए भी यही सत्य है। प्रत्येक युग के साहित्य में नवीन तरंगाकुलता उसे मूल प्रवाहिनी से विच्छिन्न नहीं करती, वरन् उन्हीं नवीन तरंगभंगिमाओं की अनन्त आवृत्तियों के कारण मूल प्रवाहिनी अपने लक्ष्य तक पहुँचने की शक्ति पाती है।

इस दृष्टि से यदि हम भारतीय साहित्य की परीक्षा करें तो काल, स्थिति, जीवन, समाज, भाषा, धर्म आदि से सम्बन्ध रखनेवाले अनन्त परिवर्तनों की भीड़ में भी उसमें एक ऐसी तारतम्यता प्राप्त होगी जिसके अभाव में किसी परिवर्तन की स्थिति सम्भव नहीं रहती। समुद्र की वेला में जो धरती व्यक्त है, उसी की अव्यक्त सत्ता तल बनकर समुद्र की अथाह जलराशि को सँभालती है। हमें समुद्र के जल का व्यवधान पार करने के लिए तट की धरती चाहिए और समुद्र को जल का व्यवधान बने रहने के लिए तल की धरती चाहिए। साहित्य के पुरातन और नूतन के अविच्छिन्न सम्बन्ध के मूल में भी जीवन की ऐसी ही धरती है।

संस्कृति मनुष्य के, बुद्धि और हृदय के जिस परिष्कार और जीवन में उसके व्यक्तीकरण का पर्याय है, उसका दाय विभिन्न भू-खण्डों में बसे हुए मानव-मात्र को प्राप्त है, परन्तु संस्कृति की साहित्य में प्राचीनतम अभिव्यक्ति वेद-साहित्य के अतिरिक्त अन्य नहीं है।

वस्तुतः देश-काल की सीमा के परे उक्त साहित्य मानव-जाति के विकास की आदिम गाथा है।

सहस्र वर्षों के व्यवधान के उपरान्त भी भारतीय चिन्तन, अनुभूति, सौन्दर्यबोध, आस्था आदि में उसके चिह्न अमिट हैं। यह तथ्य तब और भी अधिक विस्मयकारक बन जाता है जब हम समय के कुहरे के अनन्त स्तर और अपनी दृष्टि की व्यर्थता का अनुभव करते हैं। पर प्रकृति के जिस नियम से मनुष्य के शरीर को पैतृक दाय के रूप में शक्ति, दुर्बलता, व्याधि-विशेष के कीटाणु, रोग-विशेष के प्रतिरोध की क्षमता आदि अनजाने ही प्राप्त हो जाते हैं, उसी नियम से उसके मानसिक गठन का प्रभावित होना भी स्वाभाविक कहा जायगा।

जीवन की दृष्टि का वेद-साहित्य इतना अधिक विविध है कि उसके लिए, महाभारत की विशालता व्यक्त करनेवाली उक्ति 'यन्नभारते तन्नभारते' ही चरितार्थ होती है।

दाशराज्ञ युद्ध जैसे सर्वसंहारी संघर्ष में महाभारत का पूर्वरंग है। अनेक नाटकीय संवादों में नाट्यशास्त्र की भूमिका है। विभिन्न विचारों के प्रतिपादन में दर्शन की अनेक आस्तिक-नास्तिक सरणियों की उदार स्वीकृति है। जल, स्थल, अन्तरिक्ष, आकाश आदि में व्याप्त शक्तियों की रूपात्मक अनुभूति और उनके रागात्मक अभिनन्दन में काव्य और कलाओं के विकास के इंगित हैं। व्यक्ति और समष्टि की कल्याण कामनाओं में जीवन के नैतिक मूल्यों के निर्देश हैं। कर्म के विस्तृत विवेचन में कर्त्तव्य की रेखाएँ आँकी गयी हैं। व्यापक कोमल कल्पना के छायालोक में, जीवन के कठोर सीमित यथार्थ चित्रों ने धरती के निकट रहने का संकेत दिया है।

भारतीय जीवन में स्थूल कर्म से लेकर सूक्ष्म बौद्धिक प्रक्रिया और गम्भीर रागात्मकता तक जो विशेषताएँ हैं, उनका तत्त्वतः अनुसन्धान हमें किसी-न-किसी पथ से इस वृहत् जीवन-कोष के समीप पहुँचाये बिना नहीं रहता।

इसका तात्पर्य यह नहीं कि वर्तमान अतीत की अनुकृति मात्र है। पर हम यदि मानव-जीवन की निरन्तर और किसी सामान्य लक्ष्योन्मुख गतिशीलता को स्वीकृति देते हैं तो उसकी यात्रा के आरम्भ का कोई बिन्दु स्वीकार करना ही होगा, जो गन्तव्य के चरम और अन्तिम बिन्दु से अदृष्ट रहकर भी उससे विच्छिन्न नहीं हो सकता। विकास पथ का एक होना, यात्रियों की विभिन्नता, उनकी शक्तियों की विषमता, पाथेय की विविधता और गति की अनेकता को अस्वीकार नहीं करता। इतना ही नहीं वह चलनेवालों की बौद्धिक और रागात्मक वृत्तियों की मुक्तावस्था को भी किसी संकीर्ण क्षितिज से नहीं घेरता।

धर्मग्रन्थों के लिए मनुष्य की एकांगी दृष्टि ऐसा अँधेरा बन्दीगृह बन जाती है, जिसमें उनकी उज्ज्वल रेखाएँ भी धूमिल हो जाती हैं। एक ओर धर्म-विशेष के प्रति आस्थावान् तत्सम्बन्धी ग्रन्थों के चतुर्दिक् अपने अन्धविश्वास और रूढ़िवादिता की अग्निरेखा खींच देते हैं और दूसरी ओर भिन्न धर्मपद्धति के अनुयायी अपने चारों ओर उपेक्षा की इतनी ऊँची दीवारें खड़ी कर लेते हैं, जिन्हें अन्य दिशा से आनेवाली वायु के पंख भी नहीं छू पाते। ऐसी स्थिति में धर्मग्रन्थ, अनजान कृपण की रत्नमंजूषा बन जाते हैं, जिसके यथार्थ मूल्यांकन में एक ओर मोहान्धता बाधक है और दूसरी ओर अपरिचयजनित उपेक्षा।

यह स्वाभाविक ही है कि धर्मग्रन्थों की सीमा के भीतर रहकर अपना परिचय देनेवाले साहित्य को भी इस भ्रान्त परिचय और अपरिचय का अभिशाप झेलना पड़ा। ऐसे धर्मग्रन्थों की संख्या अधिक है जो अपने कथ्य की मर्मस्पर्शी सामान्यता, शैली की मधुर स्पष्टता और भाषा के सहज सात्त्विक प्रवाह के कारण साहित्य की कोटि में स्थिति रखते हैं, परन्तु उनके लिए साहित्य की देश-काल-सम्प्रदायातीत मुक्ति दुर्लभ ही रहेगी।

वेद-साहित्य संकीर्ण अर्थ में धर्म-विशेष का परिचायक ग्रन्थ-समूह नहीं है। उसमें न किसी धर्म-विशेष के संस्थापक के प्रवचनों का संग्रह है और न किसी एक धर्म की आचार-पद्धति या मतवाद का प्रतिष्ठापन या प्रतिपादन है। वस्तुतः वह अनेक युगों के अनेक तत्त्वचिन्तक ज्ञानियों और क्रान्तद्रष्टा कवियों की स्वानुभूतियों का संघात है। मनुष्य की प्रज्ञा की जैसी विविधता और उसके हृदय की जैसी रागात्मक समृद्धि वेद-साहित्य में प्राप्त है, वह मनुष्य को न एकांगी दृष्टि दे सकती है न अन्धविश्वास।

आकाश के अखण्ड विस्तार में केन्द्रित दृष्टि के लिए घट की सीमा में प्रतिबिम्बित आकाश ही अन्तिम सत्य कैसे हो सकता है!

वेदमनीषा 'नेति नेति' कहकर जिसकी अनन्तता स्वीकार करती है, उसी की सीमा निश्चित करने की भूल उससे सम्भव नहीं। पर वह ज्ञान-राशि ऐसा समुद्र है, जिसके तट पर बालकों को शंख घोंघे मिल सकते हैं, तैरना न जाननेवाले को छिछला जल सुलभ है, गहराई में पहुँचकर आँखें खोलनेवाले को मोती प्राप्त हो सकता है और अपने भार से डूबनेवाले विशालकाय जहाजों का चिह्न शेष नहीं रहता। पर न घोंघे की उपलब्धि से समुद्र मूल्यरहित हो जाता है और न मोती से महार्घ। न तट पर गहराई का अभाव उसे तुच्छ प्रमाणित कर सकता है और न मँझधार के अतल जल पर ही उसकी महत्ता निर्भर है। वस्तुतः इन विविधताओं को एक अखण्ड पीठिका देनेवाली क्षमता ही उसकी महिमा का कारण है।

अवश्य ही हमारे और इस वृहत् जीवन-कोष के बीच समय का पाट इतना चौड़ा और गहरा हो गया है कि उस तट के एक स्वर, एक संकेत को भी हम तक पहुँचने के क्रम में अनेक भूमिकाएँ पार करनी पड़ी हैं।

वेद-साहित्य के निर्माण-काल के सम्बन्ध में इतना अधिक मतभेद है कि जिज्ञासु का किंकर्त्तव्यविमूढ़ हो जाना ही स्वाभाविक है। विविध मतवादियों ने, मानव-मनीषा की इस आश्चर्य-कथा का रचना-काल दो हजार वर्ष ईसा पूर्व से लेकर पन्द्रह हजार वर्ष ईसा पूर्व तक फैला दिया है और वे अपने-अपने मत के समर्थन में जो तर्क उपस्थित करते हैं वे उन वर्षों की संख्या से भी अधिक हैं।

हमारे शोध के मापदण्ड इतिहास के हैं, अतः इतिहास की सीमा से अनन्त दूरी रखनेवाले युग यदि उनकी सीमा के बाहर हों तो आश्चर्य नहीं।

आलोक को सूर्य से पृथ्वी तक आने में कितना समय लगता है, अन्तरिक्ष के एक छोर से दूसरे छोर तक ध्वनि की यात्रा किस क्रम से कितने समय में पूर्ण होती है, यह जानने में समर्थ विज्ञान भी इस जिज्ञासा का समाधान नहीं कर सका है कि मानवीय विचार और संवेदन का, एक युग से दूसरे में संक्रमण किस क्रम और कितने समय की अपेक्षा रखता है। पर वर्षों की संख्या और इतिहास की ऊहापोह के अभाव में भी हमारे हर चिन्तन, हर कल्पना, हर भावना में मानो 'तत्त्वमसि' तुम वही हो, का, कभी स्पष्ट कभी अस्पष्ट स्वर गूँजता रहता है, जो प्रमाणित करता है कि हमारे बुद्धि और हृदय के तारों में कोई दूरागत झनकार भी है। जिसके सम्बन्ध में तर्क के निकट असंख्य उलझनें हैं, उसके सम्बन्ध में हमारा हृदय कोई प्रश्न नहीं करता, क्योंकि हमारी अन्तश्चेतना उसे अपना स्वीकार कर लेती है।

इतना तो निश्चित है कि वेद-साहित्य जिस रूप में हमें उपलब्ध है, उस तक पहुँचने में वेदकालीन मनीषा को विशाल समय सागर पार करना पड़ा होगा। भाषा, छन्द, चित्रात्मक भाव, गहन विचार-सरणि आदि से यह किसी प्रकार सिद्ध नहीं होता कि वह जीवन का तुतला उपक्रम है।

वह तो मानवता के तारुण्य का ऐसा उच्छल प्रपात है जो अपने दूर्वार वेग को रोकनेवाली शिलाओं पर निर्मम आघात करता और मार्ग देनेवाली कोमल धरती को स्नेह

से भेंटता हुआ आगे बढ़ता है। उस तारुण्य के पास अदम्य शक्ति, अडिग विश्वास और अपने सुन्दर परिवेश के लिए अम्लान भावसुमन हैं। वह जीवन से विरक्त नहीं होता, संघर्ष से पराजय नहीं मानता, प्रतिकूल परिस्थितियों से पराङ्मुख नहीं होता और कर्म को किसी कल्पित स्वर्ग-नरक का प्रवेशपत्र नहीं बनाता।

ऐसे तारुण्य की कथा अपनी सरल स्पष्टता में भी रहस्यमयी हो सकती है, क्योंकि उसमें प्रवृत्तियाँ, दीर्घ अभ्यास से स्थिर एकरसता नहीं पा लेतीं, प्रत्युत उनके विकास की अनेक अपरिचित दिशाएँ और अतर्कित परिणाम सम्भव हैं। उदाहरण के लिए हम वैदिक चिन्तन को ले सकते हैं, जो मानव-सुलभ जिज्ञासा और उसके सम्भावित समाधानों का संघात होने के कारण सबके लिए सामान्य है। परन्तु उसकी षड्दर्शनों में परिणति जब छह विशेष चिन्तन-पद्धतियों में स्थिर हो गयी, तब प्रत्येक पद्धति के सावधान समर्थक और सतर्क विरोधी उत्पन्न हो गये, क्योंकि ज्ञान जब मतवाद की कठिन रेखाओं में सीमित होकर अपना परिचय देता है तब विवादैषणा उसका सहजात परिणाम है। वैदिक चिन्तन के मूल में ऋत या उस सनातन नियम का बोध था, जिससे सृष्टि का समग्र जड़-चेतन-व्यापार नियमित और संचालित होता है और इस रूप में चिन्तन की सामान्यता निर्विवाद ही रहती है।

वैदिक साहित्य चारों वेद, ब्राह्मण ग्रन्थ, आरण्यक और उपनिषदों तक फैला हुआ है, परन्तु उसका चेतना-केन्द्र वेद-संहिताएँ और उनमें भी ऋग्वेद ही कहा जायगा, जिससे मानव की बुद्धि और उसका हृदय, विविध विचार और भावनाओं को जीवन-रस पहुँचाता रहा है।

ऋग्वेद ऋक् या छन्दस् का संग्रह है, जिसके दस मण्डलों में 1017 के लगभग सूक्त और 10600 के लगभग मन्त्र उपलब्ध हैं, जो कथ्य की मौलिकता की दृष्टि से तो महार्घ हैं ही, भाषा, शैली, छन्द और चमत्कारिक उक्तियों के कारण भी मानव-जाति का महत्त्वपूर्ण उत्तराधिकार हैं।

यजुष् में मन्त्र और ब्राह्मण अंश अर्थात् छन्द और गद्य यज्ञविषयक कर्म-विधान को दृष्टि में रखकर संगृहीत किये गये हैं। अतः इसके 40 अध्यायों और 1990 के लगभग मन्त्र संख्या में विविध यज्ञ-अनुष्ठान में प्रयुक्त होनेवाले मन्त्रों और उसकी सफलता के लिए निश्चित विधि-विधान ही समाविष्ट है।

साम, जिसका अर्थ प्रीतिकर भी होता है, गेय मन्त्र-समूह है, जिसके 1649 मन्त्रों में से 78 नवीन मन्त्रों के अतिरिक्त शेष मन्त्र ऋग्वेदीय ही हैं। गेय ऋक् का गान ही साम है।

प्रथम यही त्रयी वेद अभिधान के अन्तर्गत आती रही, पर अन्त में अथर्व ने वेद संज्ञा से अभिहित होकर वेद संहिताओं को चतुर्मुखी कर दिया।

अथर्व में ऋग्वेद के कुछ ऋक् अवश्य हैं, परन्तु उसके गद्यपद्यों में संगृहीत विषय, अपनी नूतनता के कारण अन्य वेद-संहिताओं में संगृहीत सामग्री से भिन्न हैं। तत्त्व-चिन्तन की ऊँचाई से तन्त्र-मन्त्र-अभिचार के गर्त तक सब-कुछ उसमें सहज प्राप्त है, मानो मनुष्य के ज्ञान और अन्धविश्वास में स्थायी सन्धि हो गयी हो। जीवन के व्यावहारिक और अलौकिक पक्ष, वनस्पति, ओषधि, धरती, अन्तरिक्ष, राष्ट्र, समष्टि, व्यष्टि आदि से सम्बन्ध रखनेवाला इतना विविध ज्ञान-विज्ञान उसमें संगृहीत है कि उसका तत्त्वतः परीक्षण और मूल्यांकन, युगों का अवकाश और पीढ़ियों का आयास चाहता है।

ऋक् का मण्डलों, अनुवाकों, सूक्तों और मन्त्रों में विभाजन, तत्कालीन चिन्तकों की दूरदृष्टि और सत्य को अक्षुण्ण रखने के संकल्प का परिचायक है।

सत्य निर्मित नहीं किया जाता, उसे साधना से उपलब्ध किया जाता है, यह आज़ भी प्रमाणित है। वैदिक ऋषि भी अपनी अन्तश्चेतना में जीवन के रहस्यमय सत्य की अनुभूति प्राप्त करता है और उसे शब्दायित करके दूसरों तक पहुँचाता है। यह सत्य उसके तर्क-वितर्क का परिणाम नहीं है, न वह इसका कर्तृत्व स्वीकार कर सकता है। जो नियम सृष्टि को संचालित करते हैं, ऋषि उनका द्रष्टा मात्र है। जीवन के अव्यक्त रहस्यों के सृजन का तो प्रश्न ही क्या, जब जगत् के भौतिक तत्त्वों की खोज करनेवाला आज का वैज्ञानिक भी यह कहने का साहस नहीं करता कि वह भौतिक तत्त्वों का स्रष्टा है।

कवि या कलाकार को भी जीवन के किसी अन्तर्निहित सामंजस्य और सत्य की प्रतीति इसी क्रम से होती है, चाहे भाषा, छन्द और अभिव्यक्ति-पद्धति उसकी व्यक्तिगत हो। जल की एकता के कारण ही जैसे उसके एक अंश में उत्पन्न कम्पन दूसरी ओर तक पहुँच जाती है, अन्तरिक्ष का विस्तार ही जैसे एक ओर की ध्वनि को दूसरी ओर तक संक्रमित कर देता है, वैसे ही चेतना की अखण्ड व्याप्ति, अपने ऋत रूप सत्य को भिन्न चेतना-खण्डों के लिए सहज सम्भव कर देती है।

वाणी मनुष्य का सबसे मौलिक और चमत्कारी आविष्कार है। प्रकृति ने मनुष्य के साथ पशु जगत् को भी अपने सुख-दुःख व्यक्त करने के लिए कुछ ध्वनियाँ दी हैं। इतना ही नहीं जड़ प्रकृति में भी आकर्षण-विकर्षण के नियम से कुछ स्वर उत्पन्न और विलीन होते रहते हैं। पर मनुष्य को प्राप्त ध्वनि-समूह की जैसी अक्षर-परिणति हो सकी है, वैसी न पशु-पक्षियों को प्राप्त ध्वनियों के लिए सम्भव थी न प्रकृति की निस्तब्धता भंग करनेवाले स्वर-संघात के लिए, क्योंकि वे प्रकृति के परिवर्तन या अपनी आवश्यकताएँ व्यक्त करने में उनका उतना ही प्रयोग करते हैं जितना प्रकृति को अभीष्ट है।

मनुष्य ने प्राकृतिक दाय को स्वीकार करके भी उसे अपना नियामक नहीं बनने दिया, परिणामतः प्रकृतिदत्त उत्तराधिकार में अपनी सृजनात्मक चेतना मिलाकर उसने उसमें जीवन के रहस्य का समाधान पा लिया।

पशु कालान्तर में विशालकाय से लघुकाय होकर भी पशु ही रह गया, पक्षिकुल शून्य में उड़ान भरकर भी प्रकृति का बन्दी बना रह गया। केवल मनुष्य ही ने प्रकृति के दान को निरुपायता में स्वीकार नहीं किया और वह आदिम युग से अब तक पशु से देवता तक न जाने कितनी भूमिकाओं में अवतीर्ण होता आया है। किस लक्ष्य तक पहुँचकर उसकी चेतना से और आगे बढ़ने का संकल्प मिट सकेगा, गति की विद्युत् बुझ सकेगी, इसे कोई अज्ञातनामा अनागत युग ही बता सकेगा।

भाषा को भी उसके अथक प्रयासों ने नव-नव अवतार दिये हैं। उसने अशरीरी ध्वनि को शब्द की सार्थकता में साकारता ही नहीं दी, प्रत्युत उसे ब्रह्म वा विराट् अखण्ड चेतना का पर्याय भी बना दिया।

मनुष्य की कल्पनाशील सृजनशक्ति का जैसा परिचय वेद में मिलता है वैसा कदाचित् ही अन्यत्र मिल सकेगा। प्रत्येक ऋक् छन्दगठित शब्द-समूह है, जिसका उद्भावक ऋषि हैं।

इस शब्दगठन द्वारा जिस शक्ति का आवाहन.और अभिनन्दन होता है वही उसका देवता है।

अपने शब्द संकेत के प्रति, प्रत्येक उद्‌गाता इतना सतर्क है कि वह किसी निरर्थक ध्वनि के प्रवेश के लिए कोई रन्ध्र नहीं छोड़ता। लिपि के आविर्भाव के पूर्व रचित यह साहित्य कण्ठ-से-कण्ठ में संक्रमण करता हुआ अपना श्रुति नाम सार्थक करता रहा। लिखित शब्द का पाठक उसके उच्चारण में जितनी भूलें कर सकता है, उतनी उच्चरित शब्द-ध्वनि का, अपने कण्ठ से अनुकरण करनेवाला श्रोता नहीं करता। स्वरों को, आरोह, अवरोह की दृष्टि से, उदात्त, अनुदात्त और स्वरित के क्रमों में बाँधा गया है। पद पाठ, क्रम पाठ, जटा पाठ, घन पाठ आदि पठन-विधियों का उद्‌देश्य, प्रत्येक शब्द की अनेक आवृत्तियों द्वारा उसे ध्वनि और तत्त्व की दृष्टि से शुद्ध रखना है। तत्त्व ज्ञान की उपलब्धि साधना से साध्य हो सकती है, किन्तु ज्ञान की ऐसी रक्षा और उसे दूसरों तक तत्त्वतः और मूलतः पहुँचाने की ऐसी चिन्ता तथा इतने पूर्ण माध्यम दुर्लभ ही रहेंगे। समय के निर्मम प्रवाह से संघर्ष करते-करते वर्ण, शब्द आदि में जो परिवर्तन अनिवार्यतः आ गये हैं, उनमें उक्त प्रयत्न-परम्परा की महत्ता में अन्तर नहीं आता।

सामान्यतः जिन अनेक दृष्टियों से वेद का अर्थ ग्रहण होता है उनमें तीन विशेष कही जायँगी--आधिभौतिक, आधिदैवत और आध्यात्मिक, जो ऊपरी तल पर एक दूसरी से भिन्न जान पड़ने पर भी गहराई में एक हो जाती हैं। पर समय के असंख्य आवरण भेदकर दृष्टि का उस गहराई तक पहुँचना कठिन है। वेदों में निघण्टु या शब्दकोश के लिए यास्क का महत्त्वपूर्ण निरुक्त है, जिसमें शब्दों की व्युत्पत्तिमूलक व्याख्या मिल सकती है। वेदार्थ के लिए ख्यातिनामा सायण के अतिरिक्त, असंख्य ज्ञातनामा अज्ञातनामा भाष्य-टीकाकार प्राप्त हैं। देश में वेद का नाम मानो घट-घटवासी हो गया है। विदेशी विद्वानों ने बार-बार मुक्त कण्ठ से वेद-साहित्य को मानवता का अमूल्य दाय स्वीकार किया है। किन्तु वह मानव-प्रज्ञा का अक्षय कोश हमारे लिये दुर्गम से दुर्गमतर होता आ रहा है। समय उसके मूल्य से अधिक हमारा उससे अपरिचय बढ़ाता है।

इस स्थिति का एक कारण धर्मग्रन्थ के रूप में इसकी युग-युगान्तर व्यापिनी गोपनीयता है, जिसे भंग करना नास्तिकता का पर्याय बन जाता है और दूसरा कारण पाठक के मन के उस पूर्वग्रह में मिलेगा जो वेद को विविध देव विषयक स्तुतिपरक मन्त्र-जाल से अधिक नहीं समझना चाहता, जिसका उपयोग आधुनिक युग में सम्भव नहीं।

बुद्धि और हृदय के नियम भिन्न हैं। बुद्धि का आकर्षण अज्ञात के प्रति अधिक होता है, क्योंकि उसके लिए अति परिचित में जानने योग्य कुछ नहीं रह जाता। पर हृदय की गति ज्ञात की ओर अनायास होती है। जो सुख-दुःख, जय-पराजय, जीवन-मृत्यु में हमारे समान है, उसी से हमारा तादात्म्य सहज है और इस तादात्म्य में हृदय की संवेदनशीलता का विस्तार है। इसी से विज्ञान बुद्धि की खोज है और साहित्य हृदय की प्राप्ति। यदि वेद-साहित्य केवल बुद्धि का विषय है और हृदय के तादात्म्य के लिए उसमें कुछ नहीं मिलता तो वह संग्रहालय की कुतूहलवर्द्धक सामग्री से भिन्न नहीं। पर यह मानकर हम सहस्रों वर्षों के महाकाश में फैले हुए मानव-संवेदनों को अस्वीकार करेंगे, जो अतीत से अधिक वर्तमान की निर्धनता की घोषणा है।

वेदकालीन जीवन से अपना बौद्धिक और रागात्मक सम्बन्ध स्थापित करने के लिए हमें, ज्ञान के उन्नत शिखरों पर ही दृष्टि केन्द्रित न करके उसके चरणतल में फैली सजल श्यामल धरती का स्पर्श भी पाना होगा। समय के दूसरे छोर पर खड़े हुए मानव के सौन्दर्यबोध, उसके राग-विराग, हर्ष-विषाद, संघर्ष-विश्रान्ति आदि की गाथा से परिचित होने पर ही उससे हमारा ऐसा तादात्म्य सम्भव है जो देश-काल की दूरी अस्वीकार कर मानव-हृदय की समानता प्रमाणित कर सकता है।

किसी मानव-समूह को दूसरों से भिन्न विशेषता उसके सौन्दर्यबोध से प्राप्त होती है। सौन्दर्यबोध जीवन की सहजात वृत्ति होने के कारण उसी के समान सामान्य और अपने परिवेश में विशेष रहती है। व्यापक अर्थ में वह जीवन के सभी क्षेत्रों में व्यक्त होकर उन्हें प्रभावित करती रहती है। परन्तु सौन्दर्य की अनुभूति जितनी सहज है उसकी परिभाषा उतनी ही कठिन हो जाती है। सामान्यतः वह ऐसी सुखद अनुभूति है, जो वस्तुओं, रंगों, रेखाओं आदि की विशेष सामंजस्यपूर्ण स्थिति में अनायास उत्पन्न हो जाती है। किसी सीमा तक यह सुख की स्थिति पशु-पक्षियों की अवचेतना या सहज चेतना में भी स्वाभाविक है। मंजरित, पल्लवित और सुरभित समीर से स्पन्दित परिवेश में पक्षियों का कलरव, मधुपों का गुंजन विस्तार पाता है, पशु हर्षोन्माद से चंचल हो उठते हैं। मेघ-गर्जन के ताल पर मयूर नाचते हैं, चातक पुकारते हैं, बगुले उड़ते हैं। पर ग्रीष्म से झुलसे वातावरण में यह हर्षाकुलता, यह संगीत-नृत्य समाप्त हो जाता है।

मनुष्य के पास बाह्य जगत् के समान एक सचेतन अन्तर्जगत् भी है, अतः उसका सौन्दर्यबोध दोहरा और अधिक रहस्यमय हो जाता है। वह केवल परिवेश के सामंजस्य पर प्रसन्न नहीं होता, वरन् विचार, भाव और उनसे प्रेरित कर्म को सामंजस्यपूर्ण स्थिति पर भी मुग्ध होता है। उसके अन्तर्जगत् का सामंजस्य बाह्य जगत् में अपनी अभिव्यक्ति चाहता है और बाह्य जगत् का सामंजस्य अन्तर्जगत् में अपनी प्रतिच्छवि आँकना चाहता है।

वेद-काल का मानव भौतिक जीवन का भावुक कलाकार ही नहीं, आत्मा का अथक शिल्पी भी है। प्रकृति में उसका सौन्दर्य-दर्शन केवल कोमल मधुर तत्त्वों तक ही सीमित नहीं है, वरन् वह उग्र और रुद्र रूपों में भी आकर्षण का अनुभव करता है। जिस तूलिका से वह अपने पार्थिव परिवेश को उज्ज्वल रेखाओं और इन्द्रधनुषी रंगों में चित्रमयता देता है, उसी से अपने अन्तर्जगत् में मंगल संकल्पों को अजर मूर्तिमत्ता प्रदान करता है। उसकी जिस तुला पर ज्ञान की गरिमा तुलती है, उसी पर कर्म-पथ पर पड़े प्रत्येक पग का मूल्य निश्चित होता है। उषा की दीप्त छवि अंकित करने में जिस कुशलता का उपयोग हुआ है, वही नासदीय सूक्त में जिज्ञासाओं को सार्थक वाणी दे सकी है। जिस भक्तिजनित तन्मयता से वह ऋत के रक्षक वरुण की वन्दना करता है, उसी के साथ इन्द्र के वज्र-निर्घोष के आह्वान में प्रवृत्त होता है। अपने आपको 'पृथिवीपुत्र' की संज्ञा देकर वह धरती के वरदानों को जैसा आदर देता है, 'आत्मा का विनाश नहीं होता' स्वीकार कर वह अखण्ड चेतना के प्रति भी वैसा ही विश्वास प्रकट करता है। किसी अन्य युग के काव्य में जिन्हें स्थान मिलना कठिन है, उन विषयों को भी छन्दांयित करने में ऋषि की प्रतिभा कुण्ठित नहीं हुई। उलूक, दादुर, ऊखल, श्वान आदि ऐसे ही विषय हैं।

जीवन को सब ओर से स्पर्श करनेवाली दृष्टि मूलतः और लक्ष्यतः सामंजस्यवादिनी ही होती है। वेद-साहित्य में आकाश, अन्तरिक्ष और पृथ्वी में व्याप्त शक्तियों को जो देवत्व प्राप्त हुआ है उसमें भी एक विशेष तारतम्यता का सौन्दर्य मिलता है।

सूर्य, उषा, वरुण आदि आकाश में सबसे ऊँची स्थिति रखने के कारण सृष्टि का नियमन और संचालन करते हैं। वायु-मण्डल में स्थिति रखनेवाले इन्द्र, मरुत् आदि उथल-पुथल उत्पन्न करके भी जल-वृष्टि से पृथ्वी को उर्वर बनाते हैं। अग्नि और सोम की पृथ्वी पर इतनी उपयोगी स्थिति थी कि वे पृथ्वी के ही देव मान लिये गये।

यह देवताओं की अनेकता धीरे-धीरे एक केन्द्र-बिन्दु में समाहित हो गयी, परन्तु वेदकालीन चिन्तक की जिज्ञासा किसी एक व्यक्तिगत देव तक पहुँचकर रुकनेवाली नहीं थी। अतः इस अनेकता का विलय एक अखण्ड व्यापक चेतना में उसी प्रकार हो गया जैसे विभिन्न तरंग, बुद्बुद आदि समुद्र से बनकर उसी में विलीन हो जाते हैं।

इन देवताओं और प्रकृति पर आरोपित चेतना-खण्डों की कल्पना को, वैदिक कवि ने सौन्दर्य की जिन रेखाओं में बाँधा है वे तत्त्वतः भारतीय हैं। उनका अपने परिवेश से अविच्छिन्न सम्बन्ध ही उनकी सर्वमान्यता का कारण है। खण्ड सौन्दर्य को विराट् की पीठिका पर रखकर देखने का संस्कार गहरा है, अतः देवत्व से अभिषिक्त न होने पर भी वे खण्ड अपनी स्वतः दीप्ति से दीपित हो उठते हैं। पृथ्वी, नदी, अरण्य आदि अपनी सत्ता-विशेष के कारण ही जीवन के सहचर और किसी व्यापक अखण्ड के अंशभूत रहकर सार्थकता पाते हैं। वैदिक चिन्तक की तत्त्व-स्पर्शी दृष्टि, सृष्टि की असीम विविधता को पार कर एक तत्त्वगत सूत्र खोज लेती है।

एतावानस्य महिमाऽतो ज्यायांश्च पूरुषः।
पादोऽस्य विश्वा भूतानि त्रिपादस्यामृतं दिवि॥

(पुरुष सूक्त)

यह सब उसकी महिमा है, पुरुष इससे बड़ा है। विश्वभूत इसका एक पाद (अंश) है, इसके अमृत त्रिपाद (तीन अंश) दिव्य लोक में अवस्थित हैं।

पर यह सूक्ष्म दृष्टि उसकी हार्दिकता को नहीं भेदती, इसी से वह अरण्य को ममता से सम्बोधित करता है—

अरण्यान्यरण्यान्यसौ या प्रेव नश्यसि।
कथं ग्रामं पच्छसि न त्वा भीरिव विन्दतिम्॥

(अरण्यानी सूक्त)

: हे अरण्यानी (वन) तुम देखते-देखते अन्तर्हित होकर इतनी दूर चली जाती हो कि दृष्टिगत नहीं होतीं। तुम क्यों ग्राम में जाने का पथ पूछती हो? क्या एकाकीपन से तुम सभीत नहीं होतीं?

आञ्जनगन्धि सुरभिं वहवन्नामकृषीवलाम्।
प्राहं मृगाणां मातरमरण्यानिमशंसिषम्॥

: मृगनाभि के समान अरण्यानी का सौरभ है। वहाँ आहार है, पर कृषि का अभाव है। वह मृगों के लिए माता है। इस प्रकार मैं अरण्यानी का स्तवन करता हूँ।

नासदीय सूक्त में जिज्ञासा, जीवन की विविध रूपात्मकता के सौन्दर्य पर दृष्टि-निक्षेप न करके प्रश्नों और अनुमानों की गम्भीरता में व्यक्त होती है–

नासदासीन्नो सदासीत्तदानीं नासीद्रजो नो व्योमा परो यत।
किमावरीवः कुह कस्य शर्मन्नम्भः किमासीद् गहनं गभीरम्॥

: उस समय न असत् था न सत् था। पृथ्वी भी नहीं थी और आकाश भी नहीं था। तब इस आवरण (जगत्) की स्थिति कहाँ थी? किसकी कहाँ स्थिति थी? क्या तब केवल गहन गम्भीर जल था?

न मृत्युरासीदमृतं न तर्हि न रात्र्या अह्न आसीत् प्रकेतः।
आनीदवातं स्वधया तदेकं तस्माद्धान्यन्नः परः किञ्चनास॥

: उस समय न मृत्यु थी न अमरता। रात और दिन का भेद भी अज्ञात था। वायु के अभाव में अपने आत्मावलम्बन से श्वास-प्रश्वास लेता हुआ केवल एक तत्त्व (ब्रह्म) था, उसके अतिरिक्त कुछ नहीं था।

पर यही वीतराग दिवस के आगमन की सूचना देनेवाली किरणों को रागारुण कर उन्हें चेतन व्यक्तित्व और सौन्दर्य का परिधान देकर मुग्ध भाव में परिवर्तित हो जाती है–

वयश्चिते पतत्रिणो द्विपच्चतुष्पदर्जुनि।
उषः प्रारन्नृतूंरनु दिवोऽन्तेभ्यस्परि॥

: हे उज्ज्वलवर्णा! हे उषा! तुम्हारे आगमन के साथ ही सब द्विपद, चतुष्पद और पंखवाले खग आकाश मण्डल के नीचे अपने-अपने कार्य में लग जाते हैं।

एता उत्या उषमः केतुमक्रत पूर्वे अर्धे रजसो भानुमञ्जते।
निष्कृण्वाना आयुधानीव धृष्णवः प्रति गावो रुषीयन्ति मातरः॥

: उषाओं ने आलोक फैला दिया है। वे प्रथम पूर्व दिशाकाल को आलोकित करती हैं। वीर जैसे अपने आयुधों का परिमार्जन कर उन्हें उज्ज्वल बनाते हैं, उसी प्रकार अपने तेज से संसार का परिमार्जन कर गतिशील और तेजोमयी उषा माताएँ प्रतिदिन चली जाती हैं।

वेद-साहित्य की चिन्तन-पद्धति ने यदि भारतीय चिन्तन को दिशा ज्ञान दिया है तो उसकी रागात्मक अनुभूति ने भावी युगों की काव्य-कलाओं में स्पन्दन जगाया है। प्रकृति से रागात्मक सम्बन्ध, उस पर चेतन व्यक्तित्व का आरोप, रहस्य को व्यक्त करनेवाली जटिल उक्तियाँ, भक्तिजनित आत्म-निवेदन आदि बिना कोई संस्कार छोड़े हुए अन्तर्हित हो गये, यह समझना मानव-चेतना की संश्लिष्टता पर अविश्वास करना होगा।

यह अनुभव-सिद्ध है कि भाषा की परम्परा और पुस्तकीय ज्ञान का क्रम टूट जाने पर भी मनुष्य की बुद्धि और उसका हृदय, पूर्व संस्कारों का दाय सुरक्षित रखने में समर्थ है।

संस्कृति इसी रक्षा का पर्याय है और इसी कारण लिखित शास्त्रीय ज्ञान से अपरिचित भारतीय ग्रामीण, नागरिक से अधिक संस्कृत कहा जायगा। वैदिककालीन संस्कार निधि भी इसी प्रकार सुरक्षित रही हो तो आश्चर्य नहीं।

वेद-काल के पट-परिवर्तन में हमारी दृष्टि जिस कवि मनीषी और उसकी कृति पर पड़ती है, उन्हें भारतीय प्रतिभा ने आदिकवि और आदिकाव्य की सार्थक संज्ञाएँ दी हैं। आर्षवाणी का अनुगमन करनेवाली, व्याकरण नियमों से संयमित होकर भी स्वच्छन्द संस्कृत भाषा का प्रथम काव्य तो वह है ही, पर कथ्य की दृष्टि से भी उसकी विशेषता मौलिक कही जायगी। उसमें प्रथम बार मानव ने देवताओं को सिंहासनच्युत कर दिया है। अब मानव अपने संकट-काल में देवताओं का आह्वान न करके अस्त्र उठाता है और देवों के सख्य की उपेक्षा कर अपने पराक्रम और कर्त्तव्य को जीवन-संगी का आदर देता है।

ऐसी मानव-गाथा का उद्‌गाता कवि अपने विद्रोह में भी पहला कहा जायगा। उसके हृदय में कथा की प्रेरणा, किसी समाधि-स्थिति से नहीं उद्‌भूत हुई, वरन् वह एक लघुकाय, अल्पप्राण पक्षी की वेदना से निःसृत हुई है।

हमारे नरमेध-गोमेध, अश्वमेध आदि के महारव से भरे हुए कर्णरन्ध्रों में जब क्षुद्र क्रौञ्च की दीन क्रन्दन ध्वनि प्रवेश पा लेती है, तब हम चौंक उठते हैं। कैसे इस लघु आँसू की बूँद को दुःख के महासागर की समानता करने का साहस हुआ? पर जब हम क्षणिक क्रन्दन के इसी अस्फुट स्वर से किसी वीतराग ऋषि की प्रतिभा को जागते और अमर सृजन करते देखते हैं, तब हमारा हृदय उक्त घटना की अभूतपूर्वता निर्विवाद स्वीकार कर लेता है। क्रौञ्च के शोक से तादात्म्य करके ऋषि को आदिकवि की पदवी और श्लोक की छन्दमयता ही नहीं प्राप्त हुई, उससे उन्हें मानव-जीवन के महागीत के लिए स्वर, लय और ताल खोजने की प्रेरणा भी मिली।

रामायण-काल तक कर्म-परम्परा, नियतिवाद, स्वर्ग-नरक आदि की रेखाएँ निश्चित और कठिन हो चुकी थीं। वेदकालीन देव-सृष्टि में कई प्रलय आ चुके थे। कुछ शक्तियाँ लुप्त हो चुकी थीं, कुछ देवों के रूप परिवर्तन हो चुके थे, कुछ आर्य देवता अनार्य देवताओं से एकाकार होकर तीसरे रूप में अवतीर्ण हो चुके थे। सारांश यह कि जीवन का रंगमंच एक प्रकार से शून्य था। आदिकवि ने इस पर मनुष्य को अवतीर्ण ही नहीं किया, उसे ऐसी भूमिका में अवतीर्ण किया, जिसने लोक-हृदय से देवताओं का मोह ही समाप्त कर दिया। और तब उन स्वर्ग निवासियों का उपयोग, मनुष्य की पार्श्वच्छवि के रूप में ही रह गया।

परन्तु इसका यह अर्थ नहीं कि आदिकवि ने सब दृष्टियों से पूर्णतम अतिमानव की कल्पना की है। रामायण के नायक राम का व्यक्तित्व सुन्दर, शील लोकोत्तर कर्म लोक-मंगल विधायक और पराक्रम अजेय है, परन्तु उनकी मानव-सुलभ अपूर्णताएँ और दुर्बलताएँ भी कवि के दृष्टिपथ में रहती हैं। न वे राम के अनन्य भक्त कहे जा सकते हैं और न उनके काव्य का लक्ष्य इष्ट की अर्चना-वन्दना मात्र है। उनकी यथार्थवादिनी, मर्मभेदिनी दृष्टि वेदकालीन ऋषि की दृष्टि से भी भिन्न है और मध्ययुगीन भक्त की दृष्टि से भी, क्योंकि सामान्यतः एक में जीवन के विविध अभावों की पूर्ति के लिए देव या

देव-समूह की प्रसन्नता की अपेक्षा रहती है और दूसरी में भवसागर-सन्तरण के लिए इष्ट के अनुग्रह की याचना। वाल्मीकि की चेतना मनुष्य की विजय-घोषणा के लिए एक ऐसे श्रेष्ठ मानव की उद्भावना करती है, जिससे अपने लिये उसे किसी लौकिक या पारलौकिक दान की न अपेक्षा है न आवश्यकता।

यह सत्य है कि इस अमर कृति के बाल और उत्तर काण्डों में राम में विष्णु के अवतरित होने के संकेत स्पष्ट हैं, परन्तु उन अंशों को रामायण का मौलिक अंश मानने के मार्ग में अनेक कठिनाइयाँ हैं। रामायण के रूप में राम-गाथा मूलतः कुशीलवों या सूतों द्वारा गायी जाती थी, अतः दीर्घकाल तक उसका कण्ठ-से-कण्ठ में संचरण होता रहा। यज्ञ विधान या देवाह्वन उसका लक्ष्य न होने के कारण, वेद मन्त्रों के समान, उसके वर्ण, ध्वनि, पाठ आदि की सुरक्षा और शुद्धता भी सम्भव नहीं थी। लोक-हृदय के अनुरंजन का लक्ष्य रखनेवाली इस श्रेष्ठ मानव-कथा से लोक की ऐसी आत्मीयता स्वाभाविक कही जायगी, जिसके कारण वह कवि की रचना को अपनी भी कृति समझ लेता है और उस पर अपनी भावना का रंग चढ़ाने में संकोच नहीं करता। आज भी अनेक लोकप्रचलित गाथाएँ इस सत्य का प्रमाण हैं। लिपिबद्ध होने तक रामायण में कुछ प्रक्षिप्तांश सम्मिलित हो गये हों तो आश्चर्य नहीं।

जिन दो काण्डों में अवतार का उल्लेख है वे शेष रचना से, वर्णन, शैली आदि की दृष्टि से कुछ भिन्न हैं। इसके अतिरिक्त समस्त रचना में व्याप्त कवि के अभिप्राय से भी यही सिद्ध होता है कि वे रामकथा से मनुष्य की श्रेष्ठता और महत्ता को वाणी देंना चाहते हैं।

जिसने वेद-छन्दों की अतुल सम्पत्ति का उपयोग न करके नवीन छन्द का आविष्कार किया, असंख्य दिव्य आख्यानों की उपस्थिति में मनुष्य के जीवन-संघर्ष को अपना विषय बनाया, उसकी मौलिकता, मनुष्य को अपने विवेक और पराक्रम से ही पूर्णता का अधिकार दिलाने में है।

इस विद्रोही आदिकवि का जीवनवृत्त और रचनाकाल अन्य प्राचीन स्रष्टाओं के जीवन और सृजनकाल के समान ही अनुमान-क्षेत्र तक सीमित है। किंवदन्तियाँ ऋषि कवि को प्रारम्भिक जीवन में, भीमकर्मा और निष्ठुर व्याध या दस्यु के रूप में चित्रित करती हैं, जिसने नारद के उपदेश से परिवर्तित होकर ऐसा कठिन तप किया कि उसके शरीर पर दीमकों ने वाल्मीक बना लिये। तपश्चरण के अन्त में इस स्थिति से निकलने पर उन्हें वाल्मीकि का नाम मिला जो आदिकवि की उपाधि के समान ही उनकी संघर्ष-शक्ति का परिचायक है। इस लोक-कथा में कल्पना और सत्य का जो सम्मिश्रण है, उससे इतना निष्कर्ष तो निकल ही सकता है कि वे वैदिक ऋषियों के समान कुल-परम्परा से ऋषि नहीं थे, पर उनके दृढ़ संकल्प और उसके अनुरूप कठोर साधना ने ही उन्हें ऋषित्व उपलब्ध करा दिया। उनके चरित्र में कठोरता और कोमलता का जो स्थायी सन्धिपत्र है उसका मूल्य समझने के लिए हमें उनकी कठोर साधना और क्षुद्र क्रौञ्च की व्यथा से विगलित हृदय की भावुकता को एक साथ रखकर देखना होगा। इतना तो स्पष्ट है कि राम का चरित्र जिस धातु से बना है उसी से राम-कथा के कवि का भी निर्माण हुआ होगा।

वेद-साहित्य में अनेक आख्यानों की स्थिति है, जो देवताओं के क्रम से चलते-चलते वीर-गाथाओं तक पहुँच जाते हैं। ये वीर-आख्यान ही 'नाराशंसी' संज्ञा पाते हैं और इन्हीं

नाराशंसी गाथाओं में रामायण और महाभारत-जैसे भारतीय संस्कृति की विविधता के अजर परिचायक महाकाव्यों के अंकुर हैं। वेदकालीन ऋषि राम, दशरथ, उनके पूर्वज तथा अन्य पराक्रमी राजाओं के नाम से परिचित हैं और इनकी शौर्यगाथाओं की मौखिक परम्परा भी रही होगी। आदिकवि को अपनी रचना के लिए मूल प्रेरणा सूत्र ऐसी ही किसी शौर्यगाथा में मिला होगा, परन्तु उसे जीवन का उद्गीथ बना देना स्वयं उन्हीं की सृजनात्मक प्रतिभा से सम्भव हो सका।

महाभारत में महर्षि वाल्मीकि और रामायण के उल्लेख हैं, किन्तु रामायण में महाभारत के किसी वीर या घटना का संकेत न मिलना यह प्रमाणित करता है कि आदिकाव्य की रचना उससे पूर्व हो चुकी थी। पाणिनि ने भारत सम्बन्धी निर्देश दिये हैं, किन्तु रामायण के विषय में वे मौन हैं। आदिकवि ने भी शब्दों के कुछ ऐसे प्रयोग किये हैं, जो वेद भाषा के निकट, पर पाणिनि के व्याकरणसम्मत प्रयोग से दूर हैं। इसके अतिरिक्त समाज, संस्कृति, धर्म, राजा, नीति आदि की दृष्टि से भी रामायण-काल, महाभारत-काल से भिन्न और संस्कार की दृष्टि से उसका पूर्वज कहा जायगा। पर समय के सम्बन्ध में हमारी जिज्ञासा को ग्यारहवीं शताब्दी ई. पू. से तीसरी शताब्दी ई. पू. तक लम्बी यात्रा करके भी किसी बिन्दु पर विश्राम नहीं मिलता।

महाभारत में अनेक कृतियों का कृतित्व शताब्दियों में सम्पादित हुआ है और रामायण में एक कवि की रचना अनेक कण्ठ-परम्परा पार कर दीर्घकाल के उपरान्त लिपिबद्धता पा सकी है। एक का प्राप्त कलेवर सम्पादित है, दूसरी का रचित। महाभारत मानो विशाल और विस्तृत पट है, जिस पर अनेक चितेरों ने अपनी-अपनी रुचि के अनुसार रेखाएँ खींचकर रंग भर दिये हैं और इस प्रकार वह अनेक कल्पनाओं का सम्मिलित अंकन है। इसके विपरीत रामायण के सीमित और छोटे चित्रफलक पर एक ही चितेरे की तूलिका चली है, अतः उसके रंगों और रेखाओं में वहीं अंकित होता है, जो उस एकाकी चित्रकार की कल्पना में अंकित है। प्रक्षिप्त अंशों से भी यह संश्लिष्टता भंग नहीं होती, क्योंकि उनकी स्थिति दर्शकों द्वारा लगाये गये चिह्नों-जैसी है, जो मूल भाव को स्पष्टतर करके देखने की प्रेरणा देते हैं।

आदिकवि की मानव-गाथा मानो कर्त्तव्य का अचल पर्वत और उससे निकली करुणा की चिर चंचल स्रोतस्विनी है। ज्यों-ज्यों स्रोतस्विनी दूर प्रवाहित होती है, अपनी गतिशीलता के लिए ही नहीं अस्तित्व के लिए भी वह पर्वत की अचलता पर अधिक निर्भर होती जाती है।

परिवेश की विराट् विविधता में मनुष्य की रहस्यमय मानसिक वृत्तियों का ऐसा सूक्ष्म निरीक्षण कर आदिकवि ने अपने पात्रों के व्यक्तित्व का निर्माण किया है कि सहस्रों वर्षों की यात्रा के उपरान्त और अनेक कवियों की प्रतिभा से प्रसाधित किये जाने पर भी वे वाल्मीकि द्वारा की गयी प्राण-प्रतिष्ठा से ही स्पन्दित हैं। उनके राम, सीता, भरत आदि में ही नहीं, सुग्रीव, बालि, रावण, विभीषण आदि में भी तत्त्वतः कोई परिवर्तन सम्भव नहीं हो सका। मानो ऋषि के कमण्डलु-जल से अभिषेक ने उन्हें ऐसी अजरता दे दी है, जिसे मरणशील सौन्दर्य छू नहीं पाता।

इतना ही नहीं, ऋषि कवि की करुणार्द्र दृष्टि के आकर्षण से, उषा, मरुत् आदि के दिव्य रूपों में आकाशचारिणी प्रकृति अपने धूलि के देश और तृणों के कुटीर में लौट आयी। जिस प्रकार मानव अपनी मानवता में महान् है उसी प्रकार तृण अपनी तृणता में महान् है। प्रकृति के कठोर और कोमल, सुन्दर और विरूप, लघु और विशाल सब रूपों से आदिकवि की जैसी आत्मीयता है, उसका यथार्थ मूल्य समझने के लिए उनके परवर्ती संस्कृत काव्य की दीर्घ परम्परा की शक्ति और दुर्बलता से परिचित होना आवश्यक है। महाकाव्य में प्रकृति-वर्णन, ऋतु-वर्णन आदि की अनिवार्यता के मूल में आदिकाव्य का प्रकृति और ऋतु-वर्णन ही रहा होगा, परन्तु ऐसे महाकवियों की संख्या कम है, जिनमें आदिकवि की दृष्टि की सूक्ष्म मर्मस्पर्शिता और प्रकृति के सब रूपों के प्रति सहज हार्दिकता हो। सूक्ष्म दृष्टि और हार्दिकता के अभाव में एक स्थिति तक पहुँचकर संस्कृत काव्यों के प्राकृतिक वर्णन अप्राकृतिक और विचित्रताओं के कौतुकागार हो गये।

वाल्मीकि की प्रकृति अपने लघुतम रूप में भी स्पन्दित व्यक्तित्व रखती है। कवि यदि उसके वसन्त वैभव पर मुग्ध होता है तो उसके हिम कुहरावृत रूप में भी आकर्षण पाता है।

मत्तकोकिल सन्नादैर्नर्तयन्निव पादपान्।
शैलकन्दरनिष्क्रान्तः प्रगीत इव चानिलः॥

तेन विक्षिपतात्यर्थं पवनेन समन्ततः।
अमी संसक्तशाखाग्राः ग्रथिता इव पादपाः॥

सुपुष्पितांस्तु पश्यैतान् कर्णिकारान् समन्ततः।
हाटकं पतिसंछन्नान् नरान् पीताम्बरानिव॥

: गिरि-कन्दराओं से निकलता हुआ, ध्वनियुक्त पवन मानो मत्त कोकिल की कूक के ताल पर गाता हुआ वृक्षों को नचा रहा है।

: उस पवन से प्रकम्पित वृक्ष एक-दूसरे की शाखाओं-से-शाखाओं के उलझ जाने के कारण परस्पर गुथे हुए-से दिखायी देते हैं।

: इन पुष्पित कर्णिकार (कनेर) वृक्षों को देखो जो स्वर्णाभरणों से युक्त और पीताम्बर पहने हुए पुरुष-जैसे लगते हैं।

वाष्पच्छन्नान्यरण्यानि यवगोधूमवन्ति च।
शोभन्तेऽभ्युदिते सूर्ये नदद्भिः क्रौञ्चसारसे॥

अवश्याय निपातेन किञ्चित्प्रक्लिन्नशाद्वला।
वनानां शोभते भूमिः निविष्टतरुणातपा॥

स्पृशन् सुविपुलं शीतमुदकं द्विरदः सुखम्।
अत्यन्ततृषितो वन्यः प्रति संहरते करम्॥

एते हि समुपासीना विहगा जलचारिणः।
नावगाहन्ति सलिलमप्रगल्भा इवाहवम्॥

: कोहरे के ढके हुए वन, जिनमें जौ और गेहूँ के खेत हैं, सूर्योदय के समय बोलते हुए क्रौञ्च और सारस पक्षियों से शोभित हो रहे हैं।

: ओस के गीली घास में युक्त वनभूमि जिस पर सूर्योदय की धूप फैली हुई है, शोभित होती है।

: अत्यन्त तृषित वन्य गज अत्यन्त ठण्डे जल का स्पर्श करता है, फिर जल्दी से सूँड़ को हटा लेता है।

: ये बैठे हुए जलचर पक्षी शीत से ठण्डे जल में, वैसे ही प्रवेश नहीं कर रहे हैं जैसे कायर युद्ध में प्रवेश नहीं करते।

जिस मनोयोग से कवि ने वर्षा में प्रकृति की सजल श्यामलता को चित्रमयता दी है, उसी एकाग्रता से उसने शरद् की उज्ज्वल रेखाएँ अंकित की हैं।

क्वचित्प्रकाशं क्वचिदप्रकाशं नभः प्रकीर्णाम्बुधरं विभाति।
क्वचित्क्वचित्पर्वतसंनिरुद्धं रूपं यथा शान्तमहार्णवस्य॥

व्यामिश्रितं सर्जकदम्बपुष्पैः नवं जलं पर्वतधातुताम्रम्।
मयूरकेकाभिरनुप्रयातं शैलापगाः शीघ्रतरं वहन्ति॥

रसाकुलं षट्पदसन्निकाशं प्रभुज्यते जम्बुफलं प्रकामम्।
अनेकवर्णं पवनावधूतं भूमौ पतत्याम्रफलं विपक्वम्॥

बालेन्द्रगोपान्तरचित्रितेन विभाति भूमिर्नवशाद्वलेन।
गात्रानुपृक्तेन शुकप्रभेण नारीव लाक्षोक्षितकम्बलेन॥

: कहीं प्रकाशयुक्त कहीं अन्धकारयुक्त मेघों से भरा आकाश ऐसी शोभा पा रहा है मानो शान्त महासमुद्र हो, जिसका दृश्य कहीं-कहीं पर्वतों से अवरुद्ध हो गया है।

: जिनका नया जल सर्ज और कदम्ब के फूलों से मिश्रित और पर्वत से बहकर आती हुई गेरू से लाल है तथा जिनके आसपास मयूर बोल रहे हैं, वे पर्वतीय नदियाँ तीव्र वेग से बह रही हैं।

: रस से पूर्ण और भ्रमर के समान काले जामुन फल खाये जा रहे हैं और पवन से हिलाये हुए अनेक वर्ण के पके रसाल धरती पर गिर रहे हैं।

: बीच-बीच में छोटी वीर वधूटियों से चित्रित नयी घास के मैदानों से युक्त पृथ्वी, ऐसी शोभा पा रही है मानो शुक के समान हरे रंगवाले और बीच-बीच में लाख से लाल बिन्दुओं में चित्रित दुकूल को शरीर से लपेटे हुए कोई नारी हो।

व्यक्तं नभः शस्त्रविधौतवर्णं कृशप्रवाहानि नदीजलानि।
काल्हारशीताः पवनाः प्रवान्ति तमो विमुक्ताश्च दिशः प्रकाशाः॥

विपक्वशालिप्रसवानि भुक्त्वा प्रहर्षिता सारसचारुपंक्तिः।
नभः समाक्रामति शीघ्रवेगा वातावधूता ग्रथितेव माला॥

नवैर्नदीनां कुसुमप्रहासैर्व्याधूयमानैर्मृदुमारुतेन।
धौतामलक्षौमपटप्रकाशैः कूलानि काशैरुपशोभितानि॥

: शस्त्र या असि के समान स्वच्छ वर्ण आकाश अब स्पष्ट है, नदियों के जल का प्रवाह क्षीण हो गया है, कमलों के स्पर्श से शीतल पवन बह रहा है तथा अन्धकार से मुक्त दिशाएँ प्रकाशित हो रही हैं।

: पके हुए धान के दानों को चुगकर प्रसन्न हो जानेवाले सारसों की पंक्ति जब वेग से आकाश में उड़ चलती है, तब वायु से वह किसी गुथी हुई माला के समान अस्त-व्यस्त हो जाती है।

: जिनके फूलों को वायु धीरे-धीरे हिलाती है और जो धुले हुए स्वच्छ रेशमी वस्त्र के समान प्रभावाले हैं, ऐसे नये काँसों के समूह से नदियों के तट शोभित हैं।

आदिकाव्य में प्रकृति का सहज रूप अनेक बार 'अरण्यानी' के गायक का स्मरण करा देता है। मानव अपने प्रकृति-परिवेश के बिना कितना अकेला है और उसके चिन्तन और संवेदन इस स्पन्दित सचेतन पृष्ठभूमि के बिना कितने पंगु हो सकते हैं, इसकी कल्पना मात्र हमें अजस्र अभावों की अनुभूति करा देती है।

काव्य की दृष्टि से आदिकवि के उत्तराधिकारियों में प्रमुख अश्वघोष और कालिदास कहे जायँगे, परन्तु आदिकाव्य और उक्त महाकवियों की रचनाओं के बीच में बौद्धधर्म विषयक पालि वाङ्मय का इतना विस्तार है जिसे पार किये बिना हम उन तक नहीं पहुँच सकते। इस वाङ्मय ने जब धर्म-विशेष के वाहकमात्र के रूप में अपना परिचय दिया तब उसका उपयोग सीमित हो गया और उसे वेद-साहित्य के समान एक ओर अन्धविश्वास और दूसरी ओर उपेक्षा से घिरकर अपनी स्थिति की रक्षा करनी पड़ी। पर जहाँ वह साहित्य की वाणी में बोला है, वहाँ हृदय की बात को हृदय तक पहुँचने से रोकने में धर्म, सम्प्रदाय दर्शन आदि की कोई भित्ति समर्थ नहीं हो सकी।

भाषा, धर्म-सिद्धान्त आदि की दृष्टि से भिन्न होने पर भी वह वाङ्मय, अपनी आत्मा में भारतीय होने के कारण, भारतीय साहित्य-यात्रा का एक महत्त्वपूर्ण आयाम है। विशेषतः जातक कथाओं में, जो बुद्धत्व प्राप्त करने के पहले बोधिसत्त्व की पूर्व-जन्म-कथाएँ हैं, हमारा इतना विशाल आख्यान-साहित्य समाहित है कि उसे अस्वीकृति देना अपने साहित्य को निर्धन बनाना है।

त्रिपिटक में बुद्ध-धर्म-सम्बन्धी साहित्य की विषय क्रमानुसार तीन मंजूषाएँ संगृहीत हैं—विनयपिटक, सुत्तपिटक और अभिधम्मपिटक। विनयपिटक में बुद्ध के अनुशासन, भिक्षुओं के संघ-जीवन आदि की व्याख्या है और अभिधम्मपिटक बौद्ध दर्शन तथा धर्म का शास्त्रीय परिचय देता है। साहित्य की दृष्टि से सुत्तपिटक ही सर्वसाधारण के लिए महत्त्वपूर्ण माना जायगा, क्योंकि उसमें धम्मपद, जातक कथाएँ, थेर-थेरी गाथाएँ जैसी कृतियाँ संगृहीत हैं, जिनके अभाव में हमारे साहित्य का इतिहास अधूरा रह जाता है।

बुद्ध-धर्म के अपने देश से विदा हो जाने के कारण उन साहित्य-कृतियों की ओर हमारा ध्यान कम गया और कालान्तर में हम यह भी भूल गये कि साहित्य सम्प्रदाय में जन्म लेकर भी उससे सीमित नहीं होता। फूल मिट्टी से जन्म पाकर भी उससे भिन्न होता है और सौरभ फूल में उत्पन्न होकर भी उसकी सीमा में नहीं बँध सकता। जीवन की मूलभूत प्रवृत्तियों से सम्बद्ध होने के कारण साहित्य सबका होकर ही सार्थकता पाता है।

हमारा साहित्य गीत की दृष्टि से विशेष समृद्ध रहा है। ज्ञान, आस्था, दर्शन, नीति, अनुभूति आदि को अपने प्रसार के लिए ही नहीं स्थायित्व के लिए भी, गीत के रूप में आना पड़ा है। ऐसी स्थिति में बौद्ध साहित्य में गीत का अभाव सम्भव नहीं था।

वीतराग भिक्षु-भिक्षुणियों के गीत हमारी अटूट गीत-परम्परा की उज्ज्वल कड़ियाँ हैं। यह सत्य है कि बौद्ध-साहित्य में विशाल विविधता है, पर धर्म की सीमाहीन विशालता में व्यक्ति उसी प्रकार खो जाता है जैसे समुद्र के विस्तार में तरंग। सम्पूर्ण समुद्र तरंग के बनने-मिटने के लिए हो सकता है, पर रहेगा तो वह समुद्र ही। बुद्ध के प्रवचन, बौद्धसंघ, बौद्धधर्म, बौद्धदर्शन आदि की विशाल परिधि में एक व्यक्ति के हर्ष-विषाद की कथा रहकर भी दृष्टि को नहीं खींच पाती। उस विराट् भाव में मनुष्य का लघु मन कब और कैसे अपने अभाव की आशंका में मुखर हो उठा, यह कहना कठिन है, परन्तु उस मुखरता से ही हमें कुछ करुणमधुर गीतों की उपलब्धि हुई है। और ये मुखर हो उठनेवाले हृदय कितने विविध हैं! कोई राजकुमार है कोई दासीपुत्र, कोई ब्राह्मण है कोई शूद्र, कोई साध्वी है कोई नगरवधू, कोई महिषी है और कोई क्रीत सेविका। कोई प्रिय पत्नी से वियुक्त है, कोई माता-पिता से। कोई स्वयं समाज की उपेक्षा कर आया है, कोई समाज द्वारा निष्कासित है। कोई विलास-वैभव की एकरसता से थककर आया है, कोई कठोर परिश्रम की विविध चोटों से आहत होकर। सारांश यह कि विविध वर्ण, परिवार और परिस्थितियों के भुक्तभोगी इन छन्दों में अपनी कथाएँ गूँथते हैं।

यह अनुमान सहज है कि आरम्भ में इन गाथाओं की संख्या कम रही होगी और इनका लक्ष्य प्रवचन-मात्र रहा होगा। वह भी सम्भव है कि मूल रचयिताओं के अतिरिक्त अन्य भिक्षु-भिक्षुणियों ने इन्हें दोहराया-तिहराया हो और अनेक आवृत्तियों के क्रम में इनमें नये स्वर जुड़ गये हों। पर ऐसी सम्भावनाएँ रहने पर भी ये गाथाएँ भिक्षु-भिक्षुणियों के

अन्तर्जगत्, सुख-दुःख, आनन्द-विषाद, बन्धन-मुक्ति आदि के ऐसे मार्मिक और विश्वसनीय चित्र देती हैं कि इनके रचयिताओं को खोज लेना सहज हो जाता है।

जो राज्य-सुख छोड़कर आया है वह अपरिग्रह को अधिक महत्त्व देता है, जो कठोर श्रम करके आया है वह श्रमिक जीवन की वेदना के विषय में अधिक कहता है। जो उच्च वर्ण से सम्बद्ध है वह ज्ञान और तप की विशेषता की चर्चा अधिक करता है, जो शूद्र कुल से आया है वह समानता को अधिक महत्त्वपूर्ण मानता है। जो दास रह चुका है वह मुक्ति की अधिक प्रशस्ति करता है, जो स्वामी रह चुका है वह पर-पीड़न की अधिक निन्दा करता है। इस प्रकार इन गाथाओं में हमें तत्कालीन सामाजिक और सांस्कृतिक पृष्ठभूमि का जैसा परिचय और उसमें पोषित मानव-जीवन का जैसा चित्र प्राप्त होता है, वैसा अन्यत्र नहीं मिलता।

जिन भिक्षु-भिक्षुणियों के गीत उपलब्ध हैं, उनकी संख्या क्रमशः 264 और 73 के लगभग है।

स्तुतिपरक और दिव्यज्ञानसम्भूत वेदगीतों से ये भिन्न कहे जायँगे, परन्तु ज्ञान की महिमा, जीवन की यथार्थ पृष्ठभूमि के संगीत तथा प्रकृति के प्रति रागात्मकता के कारण ये तत्त्वतः वेदगीतों के निकट पहुँचते हैं।

जीवन और मृत्यु के प्रति वीतरागता तथा संयम में निष्ठा तो उनके अपरिग्रही स्वभाव की शपथ है–

मरणे मे भयं नत्थि निकन्ती नत्थि जीविते।
सन्देहं निक्खिपिस्सामि समाजानो पतिस्सतो' ति॥

: न मुझे मृत्यु से भय है न जीवन से। मैं इस पंचतत्त्व के संघात को संयमित चेतना में जाग्रत अन्तःकरण के साथ त्याग सकता हूँ।

उदकं नयन्ति नेत्तका उसुकारा नमयन्ति तेजनम्।
दारु नमयन्ति तच्छका आत्तानं दमयन्ति सुब्बतानि।

: नहर बनानेवाला जल का मार्ग बनाता है। बाण बनानेवाला बाण को अनुरूप गढ़ता है। तक्षक लकड़ी के तख्तों को मिलाता है और सुव्रत अपनी आत्मा को संयमित करता है।

इन भावनाओं के साथ कहीं-कहीं अभिव्यक्ति की वैसी ही जटिलता है, जो वेदगीतों से कबीर की उलटवाँसियों तक चली आयी है–

पंच छिदे पंच जहे पंच चुत्तरि भावये।
पंच संघातिगो भिक्खु ओघतिण्णो ति वुच्चति॥

: पाँच को काट दो, पाँच को त्याग दो, आगे के पाँच पर ध्यान दो। जो पंच संघात को पार कर लेता है, वह समुद्र को पार कर लेता है।

भिक्षुओं में हर वर्ण और हर परिस्थिति से आये हुए व्यक्ति हैं, अतः उनके उद्‌गारों में विविधता स्वाभाविक है। कुछ भिक्षुओं के जीवन की कथा उनके उद्‌गारों से इस प्रकार बँधी हुई है कि एक को बिना जाने दूसरे का मर्म हृदय तक नहीं पहुँचता। उदाहरण के लिए सुमंगल थेर की कथा और उसकी गाथा को लिया जा सकता है।

भिक्षु होने के पहले सुमंगल श्रावस्ती के निकटवर्ती ग्राम का दरिद्र कृषक था। एक बार जब कौशलनरेश बुद्ध और भिक्षु संघ का स्वागत कर रहे थे, तब वह अपने अन्य साथियों के साथ लकड़ी, दूध आदि पहुँचाने आया और भिक्षु-भिक्षुणियों का सम्मान देखकर उसने भिक्षु होने का निश्चय किया। प्रव्रजित होने पर उसे वन में साधना करने भेजा गया, पर वहाँ वह अपने गाँव की चिन्ता करते-करते इतना अस्थिर हो गया कि गाँव लौट आया। उस समय अपने कृषक साथियों को कड़ी धूप, धूल और गर्म हवा में मलिन वस्त्र पहने कठिन परिश्रम करते देखकर ही उसे कृषक और भिक्षु के जीवन का अन्तर जान पड़ा और उसके कण्ठ से यह गाथा फूट निकली–

सुमुत्तिको सुमेत्तिको साहु सुमुत्तिकोम्ह तीह खुज्जकेहि।
असितातु मया नंगलासु मया खुद्‌द कुद्‌दलासु मया॥

यदि पि इधमेव इधमेव अथवा पि अलमेव अलमेव,
झाय सुमंगल झांय सुमंगल
अप्पमत्तो विहर सुमंगलाति।

: मैं मुक्त हो गया, भला मुक्त हो गया, इस तीन वक्र कार्यों से। हँसिये से खेत काटने से मुक्त हो गया। हल के पीछे घसिटने से मुक्त हो गया। मेरी पीठ इन छोटे फावड़ों पर झुके रहने से मुक्त हो गयी। ये यहाँ हैं, चाहे सदैव के लिए यहाँ हैं, पर मेरे लिये अलम हैं। हे सुमंगल ध्यान कर, अप्रमत्त ध्यान में निमग्न रह।

इसी प्रकार दासक थेर की कथा है, जो अनाथपिण्डक श्रेष्ठी का दासपुत्र और उसके आदेश से बिहार का द्वार रक्षक नियुक्त था। उसके अच्छे आचरण से सन्तुष्ट होकर स्वामी ने उसे दासता से मुक्त कर दिया और उसने प्रव्रज्या ग्रहण की।

दास जीवन की व्यस्तता के उपरान्त कुछ विश्राम का अवसर पाते ही वह भोजनोपरान्त सोने लगा और उपदेश के अवसर पर ऊँघने लगा। बुद्ध ने उसे आलस्य विरत करने के लिए जो उपदेश दिया था उसी को उसने अपनी गाथा का आधार बनाया है–

मिद्धी यदा होति महाग्घसो च
निद्‌दायिता सम्परिवत्तसायी,
महावराहीं व निवापपुट्ठो
पुनप्पुनो गब्भमुपेति मन्दो' ति।

: जो एक तुष्ट महाशूकर के समान अधिक भोजन कर सोता, करवटें लेता और आलस्य में पड़ा रहता है उसे जन्म के बन्धन में फिर आना पड़ता है।

सोपाक थेर अनाथ था। उसकी दरिद्र और पीड़ामूर्च्छित माता को लोग मृत समझकर श्मशान ले गये, जहाँ एक बालक को जन्म देने के उपरान्त वह सचमुच मृत हो गयी। श्मशान में उत्पन्न होने के कारण ही उसे यह नाम मिला। भगवान् बुद्ध की कृपा से प्रव्रजित हो जाने पर उसने उनकी करुणा और मैत्री भावना का मर्म समझकर गाया—

यथापि एक पुतस्मिं कुसली सिया।
एवं सब्बेसु पाणेसु सब्बत्थ कुसलो सिया' ति।

: जिस प्रकार माता अपने एकमात्र पुत्र के लिए स्नेह-भाव रखती है उसी प्रकार तुम सर्वत्र सबके प्रति स्नेह भाव रखो।

ऐसे भिक्षु भी कम नहीं हैं जो किसी प्रियजन के वियोग से सन्तप्त होकर संघ में प्रविष्ट हुए।

हारित थेर प्रव्रजित होने से पहले एक सम्पन्न ब्राह्मण कुल का वंशधर था। उसकी सुन्दरी और प्रियतमा पत्नी जब नाग से दंशित होकर परलोकवासिनी हुई तब अपने असह्य वियोग दुःख से त्राण पाने के लिए वह प्रव्रजित हुआ। बाण बनानेवाले को एक बाण सीधा करते देख उसके हृदय में जो भाव उठा उसी को उसने गाथाबद्ध कर दिया—

समुन्नमयमत्तानं उसुकारो व तेजनम्।
चित्तं उजुं करित्वान अविज्जं छिन्द हारिता' ति।

: बाण बनानेवाला जैसे बाण को सीधा करता है, उसी प्रकार हे हारित तुम अपने चित्त को सीधा करो और अविद्या को छिन्न कर दो।

सब भिक्षु-भिक्षुणियों की प्रव्रज्या के मूल में तथागत के समान सत्य की अदम्य जिज्ञासा और खोज सम्भव नहीं है। उनके संघ-प्रवेश के कारणों में सामाजिक स्थितियाँ, जीवन के व्यापक सुख-दुःख तथा शास्ता के व्यक्तित्व, अमोघ आकर्षण रहना स्वाभाविक है। अतः वेश, संघ-विधान, आचार आदि की सामान्यता के भीतर जो स्पन्दित हृदय है, वह अपनी विशेषता में भिन्न है और उसकी कथा भी विशेष रहेगी।

प्रतिभा सामान्य नहीं होती। जिस कारण अश्वघोष कई नहीं हो सके, उसी कारण गाथाओं के गायक भिक्षु-भिक्षुणी भी एक-दूसरे की अनुकृति-मात्र नहीं हैं।

भारतीय प्रतिभा प्रकृति के प्रति सनातन रागमयी है, इसका निश्चित प्रमाण इन वीतराग भिक्षुओं की गाथाएँ हैं। वेदकालीन कवि ऋषि तो प्रकृति के प्रति साधिकार राग रखता है, क्योंकि वह उसे माया या भ्रान्ति नहीं मानता। जीवन के दुःखमय दर्शन की न उसने खोज की है और न उस दुःख से मुक्ति की कामना उसकी जानी-पहचानी है।

इसके विपरीत बौद्ध भिक्षु सौन्दर्य को नश्वर और भ्रान्ति मानता है। उसके निकट जीवन दुःख का दूसरा नाम है। न वह मधुर संगीत पर मुग्ध होने का अधिकार रखता है, न सुन्दर चित्र की रंगरेखाओं में स्वयं को भुला सकता है। परन्तु प्रकृति ने उसकी समस्त साधना पर विजय पा ली है—सम्भवतः उसके अनजाने ही—

नीलब्भवण्णा रुचिरा सीतवारी सुचिन्धरा।
गोपइन्दक सन्छन्ना से सेला रमयन्ति मन्ति।

(महागवच्छो थेरो)

: नीलाभवर्णी, सुन्दर, शीतल, स्वच्छ जल के निर्झरों से युक्त और इन्द्रवधूटियों से आच्छन्न शैल मेरे मन को भाते हैं।

नीला सुगीवा सिखिनो मोरा कारंवियं अभिनन्दन्ति।
ते सीत वात कलिता सुत्तं झायं निवोघेन्ती ति।

(निग्रोधत्थेरो)

: नीली सुन्दर ग्रीवावाले मयूर कांरविय (वन) में बोलते हैं। उनकी केकाध्वनि शीतल समीर से मधुर होकर सुप्त ध्यानी को जगा देती है।

सुनीला सुसिखा सुपेखुणा
सचित्र पत्रच्छदना विहंगमा।
सुमञ्जुघोसत्थ निताभिगज्जिनो
ते तं रमिस्सन्ति वनम्हि झायिनम्।

(तञ्जास निपातो)

: जब तुम वन में ध्यानस्थ बैठे होगे तब गहरी नीली ग्रीवावाले सुन्दर शिखाशोभी तथा शोभन चित्रित पंखों से युक्त आकाशचारी विहंग अपने सुमधुर कलरव द्वारा घोष भरे मेघ का अभिनन्दन करते हुए तुम्हें आनन्द देंगे।

यदा बलाका सुपिण्डरच्छदा
कालस्स मेघस्स भयेन तज्जिता।
पलेहिंति आलयमालयेसिनी तदा
नदी अजकरणी रमेति मं।

कन्नु तत्थ न रमेन्ति जम्बुयो उभतो तहिं।
सोभेन्ति अपगा कूलं महालेनस्स पच्छतो।

(धम्मिको थेरो)

: जब ऊपर आकाश में श्याम घटा से सभीत बगुलों की पाँत अपने उज्ज्वल श्वेत पंख फैलाकर आश्रय खोजती हुई बसेरे की ओर उड़ चलती है तब (नीचे उनका प्रतिबिम्ब लेकर प्रवाहित) अजकरणी नदी मेरे हृदय में प्रसन्नता भर देती है।

: मेरी गुफा के पीछे और नदी के दोनों तटों पर लगे सघन जामुन वृक्ष किसके मन को आकर्षित नहीं करते।

अपनी यात्रा का मुहूर्त भी भिक्षु वसन्त के आगमन में देखते हैं–

अंगारिनो दानि द्रुमा भदन्ते
फलेसिनी छदनं विप्पहाय।
ते अर्च्चिमन्तो व पभासयन्ति,
समयो महावीर भगीरसानं।

दुमानि फुल्लानि मनोरमानि
समन्ततो सब्बदिसा पवन्ति।
पत्तं पहाय फलमाससाना
कालो इतो पक्कमनाय वीर।

(दस निपात)

: नयी कोंपलों से अंगरारुण वृक्षों ने साध से, जीर्ण-शीर्ण पल्लव परिधान त्याग दिया है। अब वे लौ से युक्त (अर्चिष्मान्) जैसे उद्‌भासित हो रहे हैं। हे वीरश्रेष्ठ! यह समय आशा से स्पन्दित है।

: द्रुमाली फूलों के भार से लदी है, सब दिशाएँ सौरभ से उच्छ्वसित हो उठी हैं और फलों को स्थान देने के लिए पल्लव झड़ रहे हैं। हे वीर यह हमारी यात्रा का मुहूर्त है।

प्रकृति का ऐसा सूक्ष्म निरीक्षण, उसके विविध रूपों के साथ मन का ऐसा लगाव और उसकी ऐसी सहज रागमयी अभिव्यक्ति, इन गाथाओं को हमारे हृदय के निकट ले आती है। जिस धरती के जीवन से मुक्त होने की साधना है, वही अपने विविध रूपात्मक सौन्दर्य से ऐसी साधना की शक्ति देती है। धरती की ऐसी आसक्ति अन्यत्र दुर्लभ हो तो आश्चर्य नहीं। विरक्ति सहज है, परन्तु आसक्ति द्वारा विरक्ति की साधना, प्रकृति और जीवन की किसी तात्त्विक एकता का संकेत देती है।

कुशल संगीतज्ञ, कवि, दार्शनिक और महायान के प्रवर्तकों में महत्त्वपूर्ण स्थिति रखनेवाला अश्वघोष संस्कृत महाकाव्यकारों में प्रथम भक्त कवि है, जिसके निकट उसकी कथा का नायक लोकोत्तर ही नहीं उसका एकमात्र उपास्य भी है। आदिकवि को राम के लोकोत्तर गुणों ने आकर्षित अवश्य किया, किन्तु वे राम के अनन्य भक्त नहीं हैं। कालिदास की विस्तृत काव्य-चित्रशाला में भी ऐसा कोई पात्र नहीं मिलता जिसे कवि का एकमात्र इष्ट कहा जा सके।

इस प्रकार अश्वघोष की श्रद्धा की तुलना मध्ययुगीन भक्त कवियों की भक्ति-भावना से ही की जा सकती है।

अश्वघोष के सौन्दरनन्द महाकाव्य की पुष्पिका से ज्ञात होता है कि वे साकेत निवासी और सुवर्णाक्षी के पुत्र थे और उन्हें आर्य, भदन्त, आचार्य महाकवि आदि उपाधियाँ प्राप्त थीं–

आर्य सुवर्णाक्षी पुत्रस्य साकेतकस्य भिक्षोराचार्य।
भदन्ताश्वघोषस्य महाकवेर्वादिनः कृतिरियम्॥

(सौन्दरनन्द)

बुद्ध-चरित के अनुपलब्ध मूल के तिब्बती अनुवाद से भी यही प्रमाणित होता है।

उनका वेद और कर्मकाण्ड सम्बन्धी ज्ञान-शास्त्र की विविध शाखाओं से सम्बन्ध रखनेवाली बहुज्ञता, काव्यांगों का विस्तृत परिचय आदि सिद्ध करते हैं कि वे बौद्ध होने के पहले ब्राह्मण रहे होंगे, क्योंकि ब्राह्मणेतर वर्णों में शास्त्र-ज्ञान की ऐसी व्यापक परम्परा न सुलभ थी न आवश्यक।

बौद्ध ग्रन्थों में अवश्घोष विषयक ज्ञातव्य प्रचुर परिमाण में प्राप्त है। उनके ग्रन्थों के चीनी, तिब्बती आदि अनुवादों में भी उनके जीवन और रचनाकाल सम्बन्धी संकेत सुलभ हैं। परन्तु इतनी सामग्री की उपस्थिति में भी हम अश्वघोष के जीवनवृत्त को, अन्य प्राचीन महाकवियों के जीवनवृत्त सम्बन्धी नियम का अपवाद नहीं बना सके। अन्य कवियों के समान ही अश्वघोष के जीवन और रचनाकाल के दोनों ओर शताब्दियों की सीमाएँ ही निश्चित करना सम्भव हो सका है।

ईसा से 483 वर्ष पूर्व बुद्ध का परिनिर्वाण हुआ और उसी वर्ष बौद्ध भिक्षुओं की प्रथम संगीति (सम्मेलन) हुई। दूसरी संगीति ई. पू. 383वें वर्ष में और तीसरी अशोक द्वारा ई. पू. 248वें वर्ष में आयोजित की गयी। अश्वघोष के बुद्धचरित के अन्तिम सर्ग में, जो तिब्बती अनुवाद में प्राप्त है अशोक और बौद्ध संगीति का जैसा उल्लेख है उससे कवि का अशोक के पश्चात् होना सिद्ध होता है।

अश्वघोष के बुद्धचरित का चीनी भाषा में अनुवाद ईसा की पाँचवीं शती से पूर्व हो चुका था। ग्रन्थ को, विदेशों में प्रख्यात होने के लिए भी दो शती का अवकाश चाहिए।

चीनी परम्परा में अश्वघोष, कनिष्क के समसामयिक और गुरु के रूप में गृहीत हैं।

इस प्रकार तर्क-सरणि और चीनी परम्परा के आधार पर हम अनुमान कर सकते हैं कि अश्वघोष ई. पू. पहली शती में कनिष्क के समसामयिक या उससे कुछ ही पूर्व रहे होंगे, किन्तु कनिष्क के ब्राह्मण विरोधी दृष्टिकोण से, अश्वघोष की उस उदार दृष्टि की संगति नहीं बैठती जो ब्राह्मण-परम्परा के प्रति आदरमयी है।

भाषा की दृष्टि से अश्वघोष कालिदास के पूर्वगामी कहे जायँगे, क्योंकि उनकी भाषा में आर्ष प्रयोगों की स्थिति के अतिरिक्त प्रांजल प्रवाह का अभाव है, जो कालिदास की भाषा की विशेषता है। अश्वघोष की शब्दावली की, कौटिल्य के अर्थशास्त्र में प्रयुक्त शब्दावली से निकटता, यह सिद्ध करती है कि उनमें समय का अधिक अन्तर नहीं रहा होगा।

किंवदन्तियाँ अश्वघोष को, महायान श्रद्धोत्पाद-संग्रह, वज्रसूची, गण्डीस्तोत्र-गाथा तथा सूत्रालंकार का रचयिता स्वीकार करती है, परन्तु इस विषय में मतभेद ही नहीं विरोधी प्रमाण भी उपलब्ध हैं। वज्रसूची में ब्राह्मण धर्म और उसके द्वारा स्थापित वर्णव्यवस्था पर जैसा प्रहार है, वह न अश्वघोष की शैली से मेल खाता है न उनकी उदार वृत्ति से। इसके

अतिरिक्त वज्रसूची का चीनी भाषा में ईसा की दशवीं शती में प्राप्त अनुवाद, उसे छठी शती के बौद्ध दार्शनिक धर्मकीर्ति की कृति मानता है। गण्डीस्तोत्र-गाथा जिसमें 29 स्रग्धरा छन्दों में पिंगल, संगीत आदि का वर्णन है, शैली की दृष्टि से अश्वघोष का नहीं माना जाता। अंशतः प्राप्त सूत्रालंकार को भी, बौद्धविद्वान् कुमारलात की रचना सिद्ध किया जाता है। महायान श्रद्धोत्पाद-संग्रह भी, जो महायान का महत्त्वपूर्ण दार्शनिक ग्रन्थ और नागार्जुन की शून्य विवर्तवादी माध्यमिक शाखा का आधार कहा जा सकता है, मतभेदों से बचा नहीं है। यह ग्रन्थ केवल चीनी अनुवाद में प्राप्त है और चीनी परम्परा इसे अश्वघोषकृत मानती है।

दार्शनिक तथा अन्य शास्त्रीय ग्रन्थों के कृतित्व के विषय में जैसे भ्रम सहज हैं, वैसे साहित्यिक कृतियों के सम्बन्ध में प्रायः सम्भव नहीं होते। उनमें रचयिता का व्यक्तित्व उसकी शैली में इस प्रकार व्यक्त होता है कि उसे एक से दूसरे में स्थानान्तरित करना दुष्कर हो जाता है। महाकवि कालिदास के नाम से न जाने कितनी तुच्छ कृतियाँ जोड़ी गयीं, किन्तु वे उनकी भाषा, शैली, विषयचयन आदि की कसौटी पर ठहर नहीं सकीं। महायान श्रद्धोत्पाद-संग्रह को किसी अन्य विद्वान् की रचना सिद्ध करना कठिन नहीं है, किन्तु जिसने बुद्धचरित की रचना की है, उसी ने सौन्दरनन्द नहीं लिखा है, यह सिद्ध करना सम्भव नहीं होगा, क्योंकि एक ही भावना और अभिव्यक्ति की विशेष पद्धति दोनों को आकार देती है। इसी कारण युग व्यतीत हो जाने पर भी किसी महान् साहित्यिक कृति में प्रक्षिप्तांश पहचानने में कोई बाधा नहीं पड़ती।

अश्वघोष की साहित्यिक कृतियों के रूप में बुद्धचरित, सौन्दरनन्द दो महाकाव्य और सारिपुत्र प्रकरण के कुछ अंश उपलब्ध हैं।

बुद्धचरित महाकाव्य में 28 सर्गों में बुद्ध की कथा वर्णित है, परन्तु उनमें से 2 से 13 सर्ग तक ही संस्कृत में सम्पूर्णतः सुरक्षित मिल सके हैं। पहले सर्ग का एक चतुर्थांश अप्राप्य है और सर्ग 12 के दो तृतीयांश। इस महाकाव्य का अनुवाद चीनी भाषा में ई. 414वें वर्ष में हुआ और तिब्बत भाषा में ई. 700-800 के भीतर और इन अनुवादों में 28 सर्ग प्राप्त हैं। इन्हीं अनुवादों से संस्कृत पाठ की शुद्धि में भी सहायता मिल सकी है।

बुद्धचरित में बुद्ध के जन्म से लेकर उनके परिनिर्वाण तक सम्पूर्ण जीवनवृत्त है, जिसके उपरान्त उनके अवशेषों के लिए संघर्ष, प्रथम बौद्ध संगीति और अशोक के राज्य का उल्लेख करके कवि कथा का उपसंहार करता है। सौन्दरनन्द में बुद्ध के विमातृज भाई नन्द की प्रव्रज्या की कथा 18 सर्गों में वर्णित है। सारिपुत्र प्रकरण जिसके कुछ अंश प्रो. ल्यूडर्स को, तुर्फान-मध्य-एशिया में प्राप्त हुए, नौ अंकों में एक प्रकरण रूपक है, जिसका विषय बुद्ध के पट्ट शिष्य सारिपुत्र और मौद्गल्यायन की प्रव्रज्या है।

सौन्दरनन्द में कथा के गठन और भाषा की अधिक माधुर्यमय प्रवाहशीलता को देखकर अनेक विद्वानों का मत है कि उक्त महाकाव्य की रचना बुद्धचरित के उपरान्त हुई होगी। वस्तुतः 14 सर्ग के उपरान्त बुद्धचरित में कथा की शिथिलता और बौद्धधर्म और दर्शन की व्याख्या ऐसा रूप ग्रहण कर लेती है कि काव्य की कसौटी पर उसका मूल्य घट जाता है।

अश्वघोष के पास कवि का संवेदनशील हृदय भी है और संसार को दुःखात्मक और त्याज्य माननेवाला दर्शन भी। सौन्दरनन्द में कवि ने स्वीकार किया है कि सत्य के प्रति लोक का आकर्षण न होने के कारण उसकी सहज सम्प्रेषणीयता के लिए ही काव्यशैली का प्रयोग किया गया है। अतः यह स्पष्ट है उनके निकट काव्य साध्य न होकर सत्य के वाहक के रूप में साधन मात्र है।

काव्य के मूल में धार्मिक उत्साह प्रेरक शक्ति का कार्य कर सकता है, किन्तु किसी धार्मिक उत्साह से काव्य की उत्कृष्टता सम्भव नहीं होती। इसके विपरीत कभी-कभी ऐसे उत्साह के कारण काव्य अपने सर्वमान्य उन्नत लक्ष्य से च्युत हो जाता है।

अश्वघोष के समक्ष आन्तरिक और बाह्य जो सीमाएँ हैं, उन पर विचार करके जब हम उनके काव्य की परीक्षा करते हैं तो विस्मित हुए बिना नहीं रहते। वे विश्वास से बौद्ध हैं, अतः बौद्धेतर धर्म में विश्वास रखनेवालों के प्रति उनकी उपेक्षा ही नहीं कटुता भी स्वाभाविक कही जायगी। उनकी बुद्धि लोक और जीवन को दुःखात्मक तथा अज्ञान-सम्भव मानती है, अतः उसके किसी सौन्दर्य को दृष्टि का विषय बनाना, असंगत ही नहीं, बोध तथा निर्वाण के मार्ग में बाधक भी है। बुद्ध की जीवन-कथा बोध-प्राप्ति की साधना, उपलब्धि और संसार को आलोकदान की अमर गाथा है, अतः उनके परिवेश में जो अनेक मोहान्ध व्यक्तित्व दृष्टिगत होते हैं, उनका स्नेह और स्नेहजनित व्यथा, भ्रान्ति के अतिरिक्त कुछ नहीं।

पर धार्मिक रूढ़ियों और दार्शनिक मान्यताओं के साथ भी बौद्ध अश्वघोष कवि अश्वघोष से परास्त हो जाता है, अन्यथा संस्कृत महाकाव्यों की परम्परा में एक मूल्यवान् कड़ी खो जाती।

महाकाव्य का अभिप्रेत, समग्र परिवेश के साथ जीवन की कथा होने के कारण विविध आकर्षण-विकर्षण, कर्त्तव्य-प्रमाद, स्नेह-घृणा, जय-पराजय आदि, कवि की सूक्ष्म दृष्टि और हृदय की निर्विकल्प संवेदनशीलता की अपेक्षा रखते हैं। कवि का सौन्दर्यबोध भी उसकी जीवन और जगत् के प्रति आस्था से सम्बद्ध रहता है। यदि वह जीवन और जगत् को दुःखात्मक भ्रम-मात्र मानता है तो उसके निकट, उसमें न सौन्दर्य या सामंजस्य की अनुभूति सुलभ रहती है, न सौन्दर्य या सामंजस्य की स्थिति उत्पन्न करने के प्रयास की आवश्यकता।

विशेष वीतराग दृष्टिकोण के कारण अश्वघोष का चित्र-फलक इतना सीमित हो गया है कि मानव की विविध मनोवृत्तियों के अंकन के लिए उसमें अवकाश नहीं रहा। परन्तु उनके अंकन की शैली अपनी करुण मधुर रेखाओं में विशेष और दार्शनिक रंगों में मर्मस्पर्शी है।

प्रकृति के कोमल कठोर चित्र जो विरक्त सिद्धार्थ को आकर्षित करने और साधक सिद्धार्थ को तप से विरत करने की दृष्टि से अंकित किये गये हैं, अपनी सरल स्पष्टता में रामायण का अनायास स्मरण करा देते हैं। कथा के अनेक स्थल भी इस अनुमान को आधार देते हैं कि अश्वघोष आदिकवि और रामकथा से विशेष प्रभावित थे।

छन्दक और कन्थक को बिना कुमार सिद्धार्थ के लौटते देखकर पुरजन उसी प्रकार रुदन करते हैं जैसे सुमन्त को राम, लक्ष्मण और सीता से शून्य रथ लेकर लौटते देख अयोध्यावासियों ने किया था।

निशम्य च स्रस्तशरीरगामिनौ
विनागतौ शाक्यकुलर्षभेण तौ।
मुमोच वाष्पं पथि नागरो जनः
पुरा रथे दाशरथेरिवागते॥

: मार्ग में जब नगरवासियों ने उन दोनों को (छन्दक सारथी और कन्थक अश्व को) झुके हुए शरीर के साथ, बिना शाक्यश्रेष्ठ के आते देखा, तब वे उसी प्रकार अश्रु गिराने लगे जैसे प्रचीन काल में दशरथ-पुत्र राम के रथ के लौटने पर पुरजनों ने गिराये थे।

गौतमी के विलाप से कौशल्या के विलाप का स्मरण अनायास हो आता है, क्योंकि दोनों की विकलता के मूल में पुत्रों की सुकुमारता और वनवास के कष्टों की कल्पना है। वैसे मार्मिकता की दृष्टि से, विमाता के कारण यौवराज्याभिषेक के प्रातःकाल अचानक वनवास के लिए प्रस्थान करनेवाले राम और रात्रि की निस्तब्धता में गृहत्याग करनेवाले कुमार सिद्धार्थ, जिनकी सांसारिक विरक्ति से उनके माता, पिता, पत्नी आदि आरम्भ से परिचित और आशंकित हैं, में अन्तर है।

बुद्ध के जीवन को स्नेह के तन्तुओं से घेरनेवाले व्यक्तियों में यशोधरा के व्यक्तित्व को, किसी भी कवि की करुणा का सजल कोमल स्पर्श, सहज प्राप्य रहेगा। पर अश्वघोष की बुद्धानुसारिणी दृष्टि चरम विषाद के क्षण में भी उस पर कम ठहरती है।

ततस्तु रोषप्रविरक्तलोचना विषादसम्बन्धिकषायगद्गद।
उवाच निश्वासचलत्पयोधरा विगाढशोकाश्रुधरा यशोधरा॥

: तब, जिसके नेत्र रोष से रक्तवर्ण हो गये थे, विषादजनित कटुता से कण्ठ रुद्ध था, निःश्वासों से वक्ष उद्वेलित हो रहा था और प्रगाढ़ शोक से उत्पन्न अश्रु बह रहे थे, वह यशोधरा छन्दक से बोली।

अनार्यमस्निग्धममित्रकर्म मे नृशंस कृत्वा किमिहाद्य रोदिषि।
नियच्छ वाष्पं भव तुष्टमानसो न संवदत्यश्रु च तच्च कर्म ते॥

(बुद्धचरित)

: हे नृशंस मेरे प्रति अनार्य, निष्ठुर तथा अमित्र कर्म करके तू आज यहाँ क्यों रोता है? अश्रु रोककर मन में तुष्ट हो। तेरे कर्म के साथ ये अश्रु मेल नहीं खाते।

आश्चर्य नहीं कि इन पंक्तियों के पाठक का हृदय विवश और स्वामि-विरह-कातर छन्दक के प्रति अधिक द्रवित हो जावे।

कथा की दृष्टि से सौन्दरनन्द अधिक मर्मस्पर्शी है। नन्द और उसकी पत्नी चक्रवाक-चक्रवाकी के समान एक-दूसरे में आसक्त हैं। जिस समय मुखमण्डन करती हुई वधू को नन्द दर्पण दिखा रहा है, उसी समय दासी, द्वार पर आकर भिक्षा बिना लौट जानेवाले तथागत का समाचार देती है। वधू गुरु-अवज्ञा के भय से पति को तथागत से क्षमा माँगने के लिए जाने देती है, किन्तु विशेषक सूखने के पहले लौट जाने का अनुरोध करती है। तथागत के भीड़ से घिरे रहने के कारण नन्द विलम्ब में उनके निकट पहुँच पाता है और प्रणाम के उपरान्त उनसे घर चलने की प्रार्थना करता है। किन्तु वे लौटना अस्वीकार कर उसके हाथ में अपना भिक्षा-पात्र थमा देते हैं और उनके पीछे चलता-चलता विहार में पहुँच जाता है, जहाँ विवशतावश उसे प्रव्रज्या ग्रहण करनी पड़ती है।

इधर प्रत्येक पगचाप में नन्द के लौटने का अनुमान करती हुई प्रतीक्षाविकल वधू के कान में जब, 'तथागत ने नन्द को प्रव्रजित कर दिया' पड़ता है, तब वह शोक से मूर्च्छित हो जाती है।

क्रौञ्च-मिथुन के वियोग से द्रवित हो जानेवाले आदिकवि की, इस मानवयुग्म के वियोग पर कैसी अनुभूति होती, यह कहना कठिन है, किन्तु संसार के समस्त स्नेहबन्धनों को भ्रान्ति माननेवाले कवि का हृदय भी इस वियोग के प्रति कठोर नहीं है।

तथागत तथा विहार के समस्त भिक्षु-समुदाय को मानो इस एकाकी मोह से संघर्ष के लिए बद्धपरिकर होना पड़ता है और अनेक अतिमानवीय उपायों से वे उस मोह पर विजय भी पा लेते हैं। किन्तु पाठक की करुणा पराजय नहीं मानती और वह मोहान्ध द्वन्द्व ही उसकी सहानुभूति का अधिकारी बना रहता है।

वियोग को श्रेय माननेवाले अश्वघोष की नन्द और सुन्दरी के सम्बन्ध में उक्ति—

तां सुन्दरीं चेन्न लभेत नन्दः
सा वा निषेवेत न तं नतभ्रूः।
द्वन्द्वं ध्रुवं तद्विकलं न शोभे—
तान्योन्यहीनाविव रात्रिचन्द्रौ॥

(सौन्दरनन्द)

: यदि नन्द सुन्दरी को न प्राप्त कर सकता और यदि सुन्दरी उसे पति रूप में न पाती तो वह विकल द्वन्द्व उसी प्रकार शोभा न पाता जैसे रात्रि के बिना चन्द्र और चन्द्र के बिना रात्रि।

और संयोग को श्रेय माननेवाले कालिदास की अज और इन्दुमती के सम्बन्ध में उक्ति—

परस्परेण स्पृहणीयशोभं
न चेदिदं द्वन्द्वमयोजयिष्यत्।

अस्मिन् द्वये रूपविधानयत्नः
पत्युः प्रजानां वितथोऽभविष्यत्॥

(रघुवंश)

: परस्पर स्पृहणीय शोभावाले इन दोनों का संयोग यदि विधाता न कराता तो इन दोनों को सुन्दर बनाने का उसका श्रम व्यर्थ हो जाता।

तत्त्वतः एक ही कही जायगी। इतना ही नहीं पूर्वापर सम्बन्ध में अश्वघोष की उक्ति प्रथम और अधिक सुन्दर है।

जीवन को प्रकृत्या दुःखमय और सौन्दर्य को भ्रान्ति माननेवाले अश्वघोष के सौन्दर्य-चित्र, जीवन को आनन्दमय और सौन्दर्य को सत्य माननेवाले कालिदास के सौन्दर्य-चित्रों से न रेखाओं में अपूर्ण हैं न रंगों में अस्तव्यस्त।

बोधप्राप्त सिद्धार्थ अपनी प्रशान्त आभा से आकर्षित करते हैं और मोहग्रस्त नन्द अपने सजल विषाद से हृदय को करुणास्नात कर देता है—

युगपज्ज्वलन् ज्वलनवच्च जलमवसृजंश्च मेघवत्।
तप्तकनकसदृशप्रभया स बभौ प्रदीप्त इव सन्ध्यया घनः॥

: एक साथ अग्नि के समान प्रज्वलित और मेघ के समान जल बरसाते हुए, तप्त स्वर्ण-जैसी कान्तिवाले सिद्धार्थ सान्ध्यकालीन बादल-जैसे उद्भासित हुए।

अथो रुतं तस्य मुखं सवाष्पं प्रवास्यमानेषु शिरोरुहेषु।
वक्राग्रनालं नलिनं तडागे वर्षोदकक्लिन्नमिवाबभासे॥

: केशों के काट दिये जाने पर नन्द का रुदित और अश्रु जल से भीगा मुख, सरोवर के उस कमल-जैसा लग रहा था जो वर्षा-जल से आर्द्र हो और जिसकी नाल का अग्र भाग वक्र हो।

कुमार सिद्धार्थ के मनोरंजनार्थ एकत्र और निद्राभिभूत सुन्दरियों के, उन्हें देखने की उत्कण्ठा से गवाक्षों पर उपस्थित पौर अंगनाओं के तथा उनके गृहत्याग से करुण क्रन्दन करनेवाली अन्तः पुरिकाओं के चित्रों की रेखाएँ सधे हाथ और सूक्ष्म निरीक्षण का परिचय देती हैं।

विवभौ करलग्नवेणुरन्या स्तनविस्रस्त सितांशुका शयाना।
ऋजुषट्पदपंक्तिजुष्टपद्मा जलफेनप्रहसत्तटा नदीव॥

: एक अन्य नारी जो हाथों में वेणु लिये हुए सो गयी थी और जिसका श्वेत अंशुक वक्ष से खिसक गया था, ऐसी लगती थी, मानो वह भ्रमरों की सीधी पंक्ति से युक्त कमलोंवाली और फेन में विहसित तटोंवाली नदी हो।

प्रासादसोपानतलप्रणादैः काञ्चीरवैर्नूपुरनिस्वनैश्च।
वित्रासयन्त्यो गृहपक्षिसंघानन्योन्यवेगांश्च समाक्षिपन्त्यः॥

: वे पुर नारियाँ अपनी मेखलाओं के रव से, नूपुरों की झनकार से और प्रासादसोपानों पर पगों की चाप से गृह में निवास करनेवाले पक्षि-समूह को सभीत करती हुई, एक दूसरी को, वेग से टकराने के लिए दोष देने लगीं।

मुखैश्च तासां नयनाम्बुताडितै रराज तद्राजनिवेशनं तदा।
नवाम्बुकालेऽम्बुदवृष्टिताडितैः स्रवज्जलैस्तामरसैर्यथा सरः॥

: स्त्रियों के, आँसुओं की झड़ी से ताड़ित मुखों के कारण वह राजभवन ऐसे सरोवर के समान जान पड़ता था, जिसमें वर्षाकाल के प्रारम्भ में मेघ-वृष्टि से ताड़ित होकर जल की बूँदें बरसाते हुए कमल हों।

कम रेखाओं में अधिक व्यस्त करने की क्षमता के कारण ही अश्वघोष प्रकृति के कोमल और उग्र रुपों को ही नहीं, दर्शन की गहनता को भी सहज भाव से वाणी दे सके हैं।

मृगा गजाश्चार्तरवान् सृजन्तो
विदुद्रुवुश्चैव निलिल्यिरे च।
रात्रौ च तस्या महनीव दिग्भ्यः
खगा रुवन्तः परिपेतुरार्ताः॥

: मृग और हाथी आर्त्त शब्द करते हुए इधर-उधर दौड़ने और अपने-आपको छिपाने लगे। उस रात्रि में, दिन के समान, पक्षि-समूह आर्त्त स्वर में बोलता सब दिशाओं में उड़ने लगा।

दीपो यथा निर्वृत्तिमभ्युपेतो
नैवावनिं गच्छति नान्तरिक्षम्।
दिशं न काञ्चित् विदिशं न काञ्चित्
स्नेहक्षयात् केवलमेति शान्तिम्॥

तथा कृती निर्वृतिमभ्युपेतो
नैवावनिं गच्छति नान्तरिक्षम्।
दिशं न काञ्चिद् विदिशं न काञ्चित्
क्लेशक्षयात् केवलमेति शान्तिम्॥

: जिस प्रकार दीपक बुझने पर, न पृथ्वी को जाता है न अन्तरिक्ष को, न किसी दिशा को न विदिशा को; स्नेह समाप्त हो जाने के कारण केवल शान्ति को प्राप्त होता है;

: उसी प्रकार, कृती मनुष्य निर्वाण प्राप्त होने पर न पृथ्वी को जाता है न आकाश को, न किसी दिशा को न विदिशा को; क्लेश का क्षय हो जाने के कारण केवल शान्ति को प्राप्त हो जाता है।

जिस भारतीय मनीषा के कारण अश्वघोष विरोधी ब्राह्मण-धर्म और संस्कृत भाषा के प्रति आदर दृष्टि रख सके और रामकथा तथा अनेक पौराणिक आख्यानों-उपाख्यानों से विरक्त नहीं हो सके हैं, उसी के कारण उनकी काव्यरचना वीतराग बौद्ध का शुष्क बौद्धिक ज्ञान-विज्ञान कोष न बनकर सहृदय कवि की रागात्मक जीवन-अभिव्यक्ति बन सकी है और इस प्रकार वे पूर्ववर्ती और परवर्ती कवियों की ऐसी सन्धि हैं जो दानों ओर की विशेषताओं को जोड़ती है।

सञ्चारिणी दीपशिखा के समान भारत की वाग्देवता जिसको उद्भासित करके फिर अतीत के अन्धकार में नहीं छोड़ जा सकी ऐसा ही व्यक्तित्व कालिदास का है। वह न किसी सम्प्रदाय की अग्निरेखाओं से घिरा हुआ है न आचार्य, महाकवि आदि पदवियों से अलंकृत।

'मालविकाग्निमित्र' में अनेक प्रतिष्ठित नाटककारों के उल्लेख से ज्ञात होता है कि वह नवागत है—

'प्रथितयशसां भाससौमिल्लककविपुत्रादीनां प्रबन्धानतिक्रम्य वर्तमानकवेः कालिदासस्य क्रियायां कथं बहुमानः।

: भास, सौमिल्लक, कविपुत्र आदि प्रख्यात कवियों के नाटकों को छोड़कर वर्तमान (नवीन) कवि कालिदास की रचना को क्यों इतना सम्मान दिया जा रहा है?

इसके उत्तर में नाटककार ने अपने सूत्रधार से कहलाया है—

अयि! विवेकविश्रान्तमभिहितम्। पश्य।
पुराणमित्येव न साधु सर्वं न चापि काव्यं नवमित्यवद्यम्।
सन्तः परीक्ष्यान्यतरद् भजन्ते मूढः परप्रत्ययनेयबुद्धिः॥

: अरे! यह तो तुम अपने विवेक को विश्राम देकर कह रहे हो। देखो—

न पुराना होने ही से सब-कुछ अच्छा हो जाता है और न नवीन होने से निन्दनीय। बुद्धिमान् दोनों की परीक्षा करके जो अच्छा होता है उसे ग्रहण करते हैं और मूर्ख दूसरों के कथन में ही विश्वास करते हैं।

कालिदास ने जिन्हें प्रथितयशः कहकर स्मरण किया है उनमें भास के अतिरिक्त अन्य समय के प्रवाह में बह गये हैं। भास भी संयोग से ही कोई तट पा सके हैं।

संस्कृत कवियों में, अपने जीवनवृत्त के सम्बन्ध में कुछ न लिखने की परम्परा अविच्छिन्न चली आयी है, किन्तु कालिदास ने उस परम्परा का ऐसी कठोरता से पालन किया कि उनके नाम के साथ अनेक सम्भव-असम्भव किंवदन्तियाँ जुड़ गयीं। अन्य कवि अपने वंश, माता, पिता आदि का जो यत्किंचित् संकेत देते रहे हैं, कालिदास की कृतियों में उसका भी अभाव है, अतः भावुक भक्तों की कल्पना को अपनी उड़ान के लिए अनन्त अवकाश मिल जाना स्वाभाविक था।

उनके काव्यों की चमत्कारिक असाधारणता पर मुग्ध लोक, मानो अपने विस्मय को व्यक्त करने के लिए ही उन पर चरम मूर्खता का आरोप करने में भी कुण्ठित नहीं हुआ। चमत्कारिक रचना का वरदान, मूर्ख में जितनी सार्थकता पाता है, उतनी असामान्य या सामान्य बुद्धिवाले में नहीं। कारण स्पष्ट है। असाधारण प्रतिभा को चमत्कारिक वरदान की आवश्यकता नहीं होती और साधारण को अपनी त्रुटियों की इतनी पहचान नहीं होती कि वह किसी पूर्णता के वरदान के लिए साधना करे। पर ऐसी किंवदन्तियाँ लोकोत्तर प्रतिभा की स्वीकृति-मात्र रहती हैं।

कालिदास के जीवन और रचनाकाल के सम्बन्ध में भी अनुमान ही प्रमाण का अभाव भर देते हैं।

ईसा पूर्व दूसरी शती से ईसवी 11 तक अनेक आरोह-अवरोहों के उपरान्त भी तत्त्वान्वेषिणी मेधा अभी किसी निश्चित बिन्दु पर स्थिर नहीं हो सकी, केवल, साहित्यगत प्रमाणों के आधार पर दोनों ओर की सीमाएँ कुछ सिमट सकी हैं।

भास का समय उनकी संस्कृत में प्राप्त आर्ष प्रयोगों और प्राकृत की विशेषताओं के आधार पर ईसवी दूसरी शती का उत्तरार्द्ध माना जाता है और कालिदास ने अपने मालविकाग्निमित्र नाटक में अपने से पूर्व प्रतिष्ठित नाटककारों में भास का उल्लेख किया है।

अश्वघोष और कालिदास की भाषा-शैली तथा धर्म, समाज, जीवन आदि की दृष्टि से उनके काव्य, एक-दूसरे से इतने भिन्न हैं कि उनमें कई शताब्दियों का अन्तर स्वाभाविक कहा जायगा।

ईसवी 8 में क्षीरस्वामी ने अमरकोष की टीका में और कुमारिल भट्ट ने तन्त्रवार्तिक में कालिदास का उल्लेख किया है। उसी शती में वाक्पतिराज ने अपने प्राकृत काव्य गउड़वहो में रघुवंशकार के रूप में उन्हें स्मरण किया है।

ईसवी 650 में बाण और दण्डी ने कालिदास की प्रशंसा की है। इसी शती में (633-34) ऐहोल के शिलालेख में कालिदास और भारवि का उल्लेख मिलता है। वातासभट्टि के ई. 473 के मन्दसौर शिलालेख की शैली पर भी कालिदास का प्रभाव स्पष्ट है। इस प्रकार कालिदास का समय ई. 4 के आसपास सिमट आता है जो चन्द्रगुप्त द्वितीय के राज्यकाल ई. 375-414 के निकट है।

कालिदास के समय तक भारतीय जीवन और समाज में एक स्थिर सौन्दर्य आ चुका था। महाभारत-काल को चरम स्वच्छन्दता और उसकी चरम ध्वंस में परिणति, बौद्ध-युग का चरम बन्धन और वज्रयान में उसकी चरम मुक्ति के शिखर और गर्त्त पार करके जीवन-प्रवाह समतल भूमि पर आ गया था। समतल पर मन्थर जल का एक प्रशान्त उदार सौन्दर्य होता है। उसके तट पर विशाल वृक्ष आकाश छूने को सिर उठाये खड़े रहते हैं और छोटे तृण सजल धूलि को भेंटने के लिए झुक-झुक जाते हैं। कमल-कुमुद भी मिलते हैं और शैवाल-काई भी स्थान पा लेते हैं। मधुर लय-संगीतवाले विहग-भ्रमरों का ही स्वागत नहीं होता, कर्कश स्वरवाले भेक और अपनी शून्यता में मूक घोंघे भी निराश नहीं लौटते। सुनहली रुपहली मछलियाँ ही किरणों से खेलने का अवकाश नहीं पातीं, विशालकाय नक्र

को भी अँधेरे तल में कोई कोना सुलभ रहता है। तट पर घाट भी बाँधे जाते हैं और कगारों को गिरने की स्वतन्त्रता भी रहती है।

पवन के पंखों पर उड़ती हुई धूलि के कितने ही स्तर नदी को मैला नहीं कर सकते, पर वह मैली तब होती है जब स्वयं उसका जल ही धूलि को साथ ले आता है, क्योंकि तब उसकी स्वच्छ उज्ज्वलता का कारण ही मटमैला हो जाता है।

इस प्रकार तट के अरण्य, उपवन, घाट, कगार आदि से उसकी गति नहीं रुकती, परन्तु सम्मुख उसके तल से उठे हुए बाँध ही उसकी चिर प्रवाहशीलता में अवरोध उत्पन्न करते हैं।

कालिदास ने जीवन की गतिशीलता के मर्म और उसके विविध सौन्दर्य की अनुभूति ही नहीं प्राप्त की, उस अनुभूति के सत्य को, राग-रस-रंगमयी वाणी भी दी।

'क्षणे क्षणे यन्नवतामुपैति तदेव रूपं रमणीयतायाः।'

—माघ

: वही रमणीय है जो क्षण-क्षण में नवीन जान-पड़ता है : में कालिदास के काव्य की मानो अव्यर्थ परिभाषा है। उसमें अपरिचित कुछ नहीं है, किन्तु चिरपरिचित ही प्रतिक्षण नवीनता की अनुभूति देता रहता है।

कालिदास की कृतियों में मालविकाग्निमित्र, विक्रमोर्वशीय और अभिज्ञान शाकुन्तल तीन नाटक तथा ऋतुसंहार, मेघदूत, कुमार सम्भव और रघुवंश चार काव्य उपलब्ध हैं।

ऋतुसंहार में 6 सर्गों में ग्रीष्म, वर्षा, शरद्, हेमन्त, शिशिर और वसन्त का वर्णन है, जो कवि की विशेषताओं का संकेत देता हुआ भी उसके कृतित्व के शैशव ही को व्यक्त करता है।

मेघदूत में कुबेर द्वारा निर्वासित विरही यक्ष का, अलका निवासिनी प्रेयसी पत्नी को मेघ द्वारा भेजा हुआ सन्देश है। कृति मानो दीर्घ प्रकृति-गीत है, जिसमें चेतनाशील जीवन से जड़ जगत् इस प्रकार मिल गया है कि एक की रेखा में दूसरा साकार हो जाता है। मेघदूत अनेक दूतकाव्यों को प्रेरणा देकर भी अभी तक अकेला ही है, क्योंकि प्रेरणा कविदृष्टि देने की क्षमता नहीं रखती।

कुमार-सम्भव में पार्वती की तपस्या, शिव से परिणय और तारक का वध करनेवाले कुमार कार्तिकेय के जन्म की कथा है और रघुवंश में उसके नाम के अनुसार दिलीप से लेकर अग्निवर्ण तक रघुवंशियों के शौर्य, कर्त्तव्य और त्याग की गाथा है।

नाटकों में 'मालविकाग्निमित्र' का आधार अग्निमित्र और मालविका की प्रेमकथा और विक्रमोर्वशीय का, पुरूरवा और उर्वशी अप्सरा का पौराणिक वृत्त है। अभिज्ञान शाकुन्तल की प्रेरणा महाभारत में वर्णित शकुन्तला उपाख्यान से मिली होगी, किन्तु कवि-प्रतिभा ने उस पर सौन्दर्य का ऐसा सजल मर्मस्पर्शी रंग फेर दिया है, जिससे मूल कथा और अभिज्ञान शाकुन्तल में मिट्‌टी और उससे जन्म पानेवाले फूल-जैसा अन्तर उत्पन्न हो गया।

कालिदास की कृतियों में यदि केवल अभिज्ञान शाकुन्तल और रघुवंश ही रह जाते तो भी उनकी ख्याति में कोई अन्तर न पड़ता, क्योंकि उन दोनों कृतियों में कवि का जीवनदर्शन, सौन्दर्यबोध, अनुभूति की अतल गम्भीरता और अभिव्यक्ति का भाषा-शैलीगत वैभव विकास की चरम रेखा छू लेता है।

कालिदास में विद्रोह का स्वर नहीं है, वे केवल सौन्दर्य और विलास के कवि हैं, आदि मन्तव्य भी आधुनिक युग के अनुकूल कहे जायँगे।

कवि का समय ब्राह्मण धर्म के पुनरुत्थान का मध्याह्न है और वह स्वयं उसी धर्म के प्रति आस्थावान् है। उसके पूर्ववर्तियों की कृतियों में मिलनेवाली, भाषा की स्वच्छन्दता और तज्जनित शिथिलता सिद्ध करती है कि उस समय तक काव्य-सम्बन्धी मान्यताएँ रूढ़ियों की कठिन रेखाओं में सीमित नहीं हुई थीं। तत्कालीन सामाजिक जीवन अनेक आँधी तूफानों से उत्पन्न अस्त-व्यस्तता के उपरान्त स्थिरता चाहता था।

चिन्तन के क्षेत्र में, अनात्मवादी दर्शन के स्थान में पारलौकिक सत्ता और अवतारवाद के समर्थक आस्तिक दर्शन की प्रतिष्ठा हो चुकी थी।

बौद्ध हीनयान की प्रतिक्रिया में उत्पन्न महायान द्वारा जिन अनेक वास्तु, मूर्ति आदि कलाओं को प्रेरणा मिल चुकी थी, वे विकास के पथ पर थीं।

सारांश यह कि कालिदास का समय निर्माण का युग था। विद्रोह के स्वर की न कवि को आवश्यकता थी न समाज को।

जीवन को गतिशील बनाये रखनेवाली व्यवस्थाएँ जब विषम और कठिन होकर उसे गतिरुद्ध कर देती हैं तब उनमें परिवर्तन अनिवार्य हो जाता है और यह अनिवार्यता विद्रोह के स्वर में बोलती है। पर जब किसी ध्वंस के उपरान्त नूतन निर्माण की वेला आती है, तब यह स्वाभाविक हो जाता है कि मनुष्य की कल्पना, बननेवाले समाज, संस्कृति आदि की सामंजस्यवादी रेखाएँ प्रस्तुत करे और उसका विश्वास, उन रेखाओं में जीवन के रंग भरे। इस स्थिति से, विद्रोही स्वरों की संगति नहीं बैठती।

कालिदास ब्राह्मण धर्म के उद्गाता हैं, किन्तु उनकी कृतियों में संकीर्ण साम्प्रदायिक रेखाओं का इतना अभाव है कि पाठक उनकी कृतियों के मंगलाचरणों के आधार पर ही उनके शैव होने का अनुमान कर सकता है। वस्तुतः धर्म के अन्तर्गत जो कुछ आता है, उसमें से केवल उन्हीं तत्त्वों को उन्होंने दृष्टि का विषय बनाया, जो जीवन को व्यवस्थित गति देने की क्षमता रखते थे और इस दृष्टि से वे तत्त्व सम्प्रदाय-विशेष में सीमित न होकर सामान्य हो जाते हैं। रघुवंश में रघुवंशियों के जीवन और आचार-क्रम का जो वर्णन है, वह सम्प्रदाय-विशेष का न होकर सबका है।

वर्णाश्रम धर्म की कठिन रेखाओं ने उनके पात्रों के हृदय को कठिन न बनाकर उनके कर्त्तव्य को कठिन बनाया है। कवि के निकट मनुष्य का मूल्य जीवन की रसात्मक मंगलमयता को सुरक्षित रखने में है, अतः उनके विशिष्ट चरित्रों की कठोरता भी कोमलता का लक्ष्य रखती है!

मुक्ति और बन्धन के बीच में उनकी जीवन-दृष्टि का सन्तुलन अपूर्व ही कहा जायगा। वे जानते हैं कि चरम अव्यवस्था चाहे मुक्ति न हो, किन्तु चरम व्यवस्था ऐसा बन्धन ही रहेगी, जिसे तोड़ने में मनुष्य अपनी सारी सृजन-शक्ति लगाकर श्रान्त हो जायगा। अतः उनका मानव बिगड़कर बनता है, मुक्ति से स्वयं बन्धन की ओर लौटता है और इस प्रत्यावर्तन के पथ पर उसकी प्रत्येक पगचाप में जीवन के मंगल के स्वर गूँजते हैं।

आश्रमवासिनी सरला शकुन्तला के रूप पर मुग्ध दुष्यन्त आश्रम के विरुद्ध आचरण करने के लिए मुक्त है और उसे भूल जाने के लिए स्वतन्त्र; परन्तु इस चरम मुक्ति के उपरान्त वही स्वयं पश्चात्ताप की ज्वाला में तपकर और आँसुओं से धुलकर, पुत्रवती शकुन्तला को खोजता और उससे पति तथा पिता के बन्धनों की याचना करता है।

कालिदास सौन्दर्य और प्रेम के अमर गायक हैं, किन्तु उनकी कृतियों में व्यक्त सौन्दर्य और प्रेम का द्वन्द्व किसी प्रचलित रूढ़भाषा में नहीं बाँधा जा सकता। केवल बाह्य रंग-रेखाओं में न वह समा पाता है न अपना यथार्थ परिचय देता है। शकुन्तला के अभिज्ञान के समान ही उसका प्रत्यभिज्ञान, परिचय, अपरिचय और पुनः परिचय के क्रम पार करता है।

चमत्कारिक बाह्य रंग-रेखाओं में व्यक्त सौन्दर्य, जिसका परिचय मोहमुग्ध कर देता है, कवि का लक्ष्य नहीं, क्योंकि वह असाधारण सौन्दर्य तब तक बार-बार असफल होता रहता है, जब तक उसकी असाधारण तथा अपरिचित रेखाएँ साधारण और परिचित नहीं हो जातीं और उनमें जीवन के तरल-करुण रंग नहीं छलकने लगते।

एकान्त तपोवन में आश्रमवासिनी शकुन्तला का अतिमानवीय सौन्दर्य अपनी शक्ति में अपराजेय जान पड़ता है–

मानुषीसु कथं वा स्यादस्य रूपस्य सम्भवः।
न प्रभातरलं ज्योतिरुदेति वसुधातलात्॥

: मानवी में ऐसा रूप कहाँ सम्भव है? तरल प्रभावाली विद्युत् पृथ्वीतल से नहीं उदित होती।

चित्रे निवेश्य परिकल्पितसत्त्वयोगात्रूपो-
च्चयेन मनसा विधिना कृता नु।
स्त्रीरत्न सृष्टिरपरा प्रतिभाति सा मे
धातुर्विभुत्वमनुचिन्त्य वपुश्च तस्याः॥

: विधाता ने पहले चित्र बनाकर या अपने मानस में सभी रुपों को संश्लिष्ट करके उसमें प्राण-प्रतिष्ठा की होगी। विधाता के विभुत्व और शकुन्तला के कमनीय कलेवर पर विचार कर यही जान पड़ता है कि इसकी रचना अलौकिक नारीरत्न के रूप में हुई है।

अनाघ्रातं पुष्पं किसलयमलूनं कररुहै-
रनाविद्धं रत्नं मधुनवमनास्वादितरसम्।
अखण्डं पुण्यानां फलमिव च तद्रूपमनघं
न जाने भोक्तारं कमिह समुपस्थास्यति विधिः॥

: वह अनघ पवित्र रूप, अनसूँघे सुमन, नखाघात से अछूत किसलय, अनविंधे रत्न, अनास्वादित नव मधु और अखण्ड पुण्यों के फल के समान है। विधाता न जाने किसे इस सौन्दर्य के उपभोग की पात्रता देगा।

प्रकृति के क्षण-क्षण नूतन लगनेवाले असीम वैभव के बीच प्रतिष्ठित यह असाधारण सौन्दर्य दुष्यन्त को इतना बेसुध कर देता है कि वह आश्रम के नियम और राजा के कर्त्तव्य तक भूल जाता है। परन्तु यह अपूर्व रूप न उसे निरन्तर बेसुध रखने में समर्थ है और न भिन्न परिवेश में आकर्षण की शक्ति रखता है। परिणामतः लोक के समक्ष वह अनादृत और असफल होता है।

जब इस सौन्दर्य को सार्थकता प्राप्त होती है तब शकुन्तला के अन्तर्जगत् की प्रशान्त दीप्ति, उसके अलौकिक रूप की रेखाओं को धूमिल कर चुकती है। तब वह अतिमानवी के रूप में अपना परिचय नहीं देती, वरन् ऐसी लोकसामान्य माता और पत्नी के रूप में उपस्थित होती है, जिसे सबसे अयाचित आत्मीयता प्राप्त होना स्वाभाविक है। कभी उसके सौन्दर्य पर मुग्ध होनेवाले और कभी उसका तिरस्कार करनेवाले दुष्यन्त की, अन्त में जिस शकुन्तला से भेंट होती है वह–

वसने परिधूसरे वसाना नियमक्षाममुखी धृतैकवेणिः।

: मलिन वस्त्रों से आवृत, व्रतनियम आदि के पालन से शुष्क मुखवाली और प्रसाधनरहित केशकलाप की एक वेणी धारण किये हुए है।

राजसभा में राजा के अस्वीकार करने पर भी जो शकुन्तला हठपूर्वक बार-बार अपना परिचय देने का प्रयत्न करती है, वही अब पुत्र के प्रश्न, अज्जुए को एसो : माँ यह कौन है, के उत्तर में करुण वात्सल्य से कह देती है, वच्छ दे भाअहेआइं पुच्छेहि : वत्स अपने भाग्य से पूछ।

शकुन्तला के इस सामान्य रूप में, मोती की आभा के समान अन्तःकरण के सौन्दर्य की आभा, आनन्द और विषाद के छायालोक से खेलती है और इसी के समक्ष दुष्यन्त अपने समग्र जीवन को निवेदित कर देता है।

इसी प्रकार हिमालयकुमारिका का सौन्दर्य अपूर्व है। जब वह वसन्त के वैभव से रंगरसलासमनी प्रकृति के बीच उपस्थित होती है, तब क्षण भर के लिए पुष्पधन्वा को अपने सम्मोहनबाण की सफलता का निश्चय होने लगता है। परन्तु परिणाम में काम दग्ध हो जाता है और वह अनिन्द्य सौन्दर्य उपेक्षित।

शैलात्मजापि पितुरुच्छिरसोऽभिलाषं–
व्यर्थं समर्थ्य ललितं वपुरात्मनश्च।
सख्योः समक्षमिति चाधिकजातलज्जा
शून्या जगाम भवनाभिमुखी कथंचित्॥

: शैलात्मजा भी सखियों के समक्ष अपने उन्नत मस्तकवाले पिता के मनोरथ और अपने सुन्दर शरीर को व्यर्थ होते देख अधिक लज्जित होकर शून्य मन से किसी प्रकार भवन की ओर चली।

इयेष सा कर्तुमबन्ध्यरूपतां समाधिमास्थाय तपोभिरात्मनः।
अवाप्यते वा कथमन्यथा द्वयं तथाविधं प्रेम पतिश्च तादृशः॥

: उसने समाधि में बैठकर तप द्वारा अपने रूप को सफल करने की इच्छा की, अन्यथा उस प्रकार का प्रेम और वैसा पति कैसे प्राप्त किया जा सकता था।

कठिन तप के चरम बिन्दु पर जब किशोरी पार्वती के सौन्दर्य को कोमल रेखाएँ दिव्य आभा में निमज्जित हो जाती हैं तब काम को भस्मशेष कर देनेवाले शिव को स्वयं सकाम उपस्थित होना पड़ता है।

जैसे जलधाराओं को, आसमुद्र गतिशीलता के लिए और बालुकाराशि में खोने से बचने के लिए हिमालय की अखण्ड तरलता से जुड़ा रहना पड़ता है, वैसे ही बाह्य सौन्दर्य को, जीवन में मंगलमयी स्थिति के लिए अन्तर्जगत् के अखण्ड सामंजस्य से जुड़े रहने की अपेक्षा रहती है। और यह सन्धि तप या साधना पर निर्भर है।

कालिदास के निकट आकृति की रमणीयता मात्र मानो तूल है, जिसका हलकापन, जीवन की ज्वाला को सँभालने की क्षमता से रहित है। पर जब यही कोमल तूल स्नेह में भीगकर भारी हो जाती है तब वह ज्वाला को शिर पर धारण ही नहीं कर लेती, उसे स्निग्ध आलोक भी बना देती है। इस अपूर्व आलोक-दान के लिए तपना तो अनिवार्य ही रहेगा।

भारतीय काव्य में प्रकृति के उपासकों की परम्परा अविच्छिन्न और दीर्घ है। किन्तु उस परम्परा में कालिदास की, अर्चना ही नहीं, देवता-विग्रह की भावना भी विशिष्ट है। जिस तीव्र संवेदन से वे अपने मानव पात्रों की अनुभूतियों को आत्मसात् करते हैं, उसी से वे प्रकृति की विविध रूपात्मकता से तादात्म्य करते हैं, अतः उनके प्रकृतिचित्र केवल रंगरेखाओं का संघात न होकर, स्पन्दित व्यक्तित्व बन जाते हैं, मानव, पशु, पक्षी, नदी, निर्झर, पर्वत, शाद्वल आदि में ऐसा कुछ नहीं है, जिसकी उपस्थिति उपेक्षणीय हो।

प्रकृति मानो ऐसा रचनागार है, जिसमें जीवन को, विराट् पर चिरनवीन मूर्तिमत्ता दी जा रही है, अतः उसके मस्तक से पदनख तक प्रत्येक हलकी गहरी रेखा और भंगिमा पूर्णता का अंशभूत है।

शकुन्तला की विदावेला की मार्मिकता के लिए कण्व का वाष्परुद्ध कण्ठ, सखियों की चिन्ता, मृगछौने की मूक मनुहार, वृक्षों का पल्लवपात और कोकिल का कुहू सभी अनिवार्य है।

प्रकृति मानव के सौन्दर्य और प्रेम के महागीत को सजग श्रोता ही नहीं, उसकी निरन्तर संगिनी अनुगायिका भी है, इसी से उसके अभाव में संगीत के स्वर अकेले और प्रतिध्वनिशून्य हो जाते हैं।

पार्वती ही कठोर तपश्चरण में एकाग्र नहीं हैं, प्रकृति भी सजग प्रहरी के समान एकाग्र है।

शिलाशयां तामनिकेतवासिनीं
निरन्तरास्वान्तरवातवृष्टिषु ।
व्यलोकयन्नुन्मिषितैस्तडिन्मयै –
र्महातपः साक्ष्य इव स्थिताः क्षपाः॥

: निरन्तर चलनेवाली आँधी और वृष्टि में, खुले में शिला पर लेटी हुई पार्वती को, रातें विद्युत् के नेत्र खोल-खोलकर इस प्रकार देखती थीं मानो वे उसके महातप की साक्षी हों।

विरही यक्ष भी एकाकी नहीं है, क्योंकि उसे मेघ के रूप में ऐसा आत्मीय मित्र मिल गया है, जिसकी उपस्थिति मात्र उसकी निरुपायता को दूर करने में समर्थ है।

कालिदास की उपमाओं की विशेषता प्रख्यात है, किन्तु इस विशेषता के मूल में कोई चमत्कार न होकर जीवन और प्रकृति के विविध रूपों में व्याप्त एकता की अनुभूति है।

वस्तुतः चमत्कार का अभाव ही कालिदास की कृतियों का चमत्कार है। वर्षा में न जल की बूँदें असामान्य होती हैं और न सूर्य की किरणें, परन्तु उनका एक विशेष बिन्दु पर संगम ही इन्द्रधनुष के सप्तरंगों में व्यक्त चमत्कार बन जाता है। कालिदास की कृतियों में भी न जीवन असामान्य है न प्रकृति, परन्तु कवि के जिस दृष्टिबिन्दु पर इनका सम्मिलन होता है, वही चमत्कारिक रंगों में प्रतिफलित हो उठता है।

कवि का निरीक्षण उसके संवेदन का पूरक है, अतः प्रत्येक शब्दचित्र में आकृति की रेखाएँ यथातथ्य और अन्तःस्पन्दन सत्य रहता है। इसी से अनेक गतागत युगों की भिन्न और विपरीत कसौटियों पर परीक्षित होकर भी वह मिथ्या नहीं ठहराया जा सका।

कालिदास ने जीवन-सरिता के पुलिनों पर यत्र-तत्र स्फटिक-मरकत के घाट सोपान बनाकर भी उसके प्रवाह और गहराई में कोई व्यवधान नहीं उपस्थित किया। किन्तु उनके परवर्ती संस्कृत कवियों ने चमत्कार की स्पर्द्धा में नदी के तल में सोने-चाँदी की रेत बिछाना आरम्भ किया। परिणामतः ज्यों-ज्यों जल की गहराई घटने और तल की कठिनता बढ़ने लगी त्यों-त्यों कमल सूखने और हरीतिमा तिरोहित होने लगी और अन्त में चमत्कार की चकाचौंध में घाट-सोपान और सुनहली-रुपहली बालुका का विस्तार दृष्टि के लिए मृगमरीचिका बन गया।

समय के अनेक आयाम पार कर भाव की जिस अन्तः सलिला का प्रकट और सजल स्पर्श हम पाते हैं उसके भगीरथ भवभूति हैं।

ईसा की सातवीं शती से चौदहवीं शती तक का समय ब्राह्मण धर्म के पुनरुत्थान की दृष्टि से विशेष उर्वर माना जायगा।

एक ओर उद्योतकर, कुमारिल भट्ट, शंकराचार्य, वाचस्पति, उदयनाचार्य, रामानुज, सायणाचार्य आदि दार्शनिकों ने अनेक तर्क-सरणियों की उद्‌भावना की और दूसरी ओर भवभूति, माघ, श्रीहर्ष आदि कवियों ने विस्मृत मान्यताओं को वाणी दी।

इनमें भवभूति का व्यक्तित्व सबसे विशिष्ट है। उनके समय के सम्बन्ध में भी हमें साहित्यगत अन्तः और बाह्य साक्ष्यों का ही आधार लेना पड़ता है।

राजतरंगिणी के चतुर्थ अंक में मिलता है–

कविवाक्पतिराजश्रीभवभूत्यादिसेवितः।
जितो ययौ यशोवर्म्मा तद्गुणस्तुतिवन्दिताम्॥

: वाक्पतिराज और भवभूति आदि कवियों से सेवित यशोवर्मा ने पराजित होकर उसकी (ललितादित्य की) स्तुति की।

इसके अनुसार भवभूति का कान्यकुब्जाधिप यशोवर्मा की सभा में होना सिद्ध होता है। जनरल कनिंघम के मत से ललितादित्य, जिसने यशोवर्मा को परास्त किया, का राज्यकाल 693 ई. से 729 ई. तक रहा।

भवभूति के समसामयिक वाक्पतिराज ने अपनी प्राकृत रचना 'गौड़वहो' में उसकी विशेषता का परिचय देने के लिए लिखा है–

भवभूइ जलहि निग्गय कव्वामय रसकणा इव फुरन्ति।
जस्स विसेसा अज्जवि विअडेसु कहाणिवेसेसु॥

: भवभूति-समुद्र से जो काव्यामृत निकाला गया है उसके कुछ बिन्दु 'गौड़वहो' काव्य में स्पष्ट दृष्टिगत होंगे।

राजशेखर ने जो माधवाचार्य के अनुसार शंकर के समसामयिक थे, अपने बाल रामायण नाटक में पुरातन कवियों के साथ भवभूति का उल्लेख किया है–

बभूव वल्मीकिभवः कविः पुरा
ततः प्रपेदे भुवि भर्तृमेण्ठताम्।
स्थितः पुनर्यो भवभूतिरेखया
स वर्त्तते सम्प्रति राजशेखरः॥

: पहले वाल्मीकि, फिर भर्तृहरि पृथ्वी पर उत्पन्न हुए; फिर भवभूति नाम से जिस कवि का जन्म हुआ, वही अब राजशेखर के रूप में विद्यमान है।

राजशेखर का समय आठवीं शती के अन्त और नवीं के प्रारम्भ में माना जाता है, अतः आठवीं शती के अन्त तक भवभूति की जीवन-यात्रा समाप्त हो चुकी होगी; अन्यथा राजशेखर अपने-आपको उनका अवतार कैसे कह सकते थे।

सातवीं शती के पूर्वार्द्ध में हर्षचरित, कादम्बरी और चण्डिकाशतक के रचयिता बाणभट्ट, दशकुमार काव्यादर्श के प्रणेता दण्डी-जैसे, दीर्घ समास-युक्त, क्लिष्ट भाषा के प्रेमी विद्वान् ग्रन्थकार हो चुके थे। इनके आसन्न परवर्ती होने और स्वयं विद्वान् होने के

कारण भवभूति की भाषा में दीर्घ समास बाहुल्य स्वाभाविक हो गया, परन्तु अपने काव्य की दृष्टि से न वे किसी के अनुवर्ती हैं और न किसी को अपने अनुगमन का अवकाश देते हैं।

महावीरचरित और मालतीमाधव नाटकों की प्रस्तावना में भवभूति ने सूत्रधार के माध्यम से अपना जो परिचय दिया है, उससे ज्ञात होता है कि वे दक्षिण पथ के विदर्भ देशस्थित पद्मपुर नगर निवासी, वाजपेय यज्ञ करनेवाले कश्यप गोत्रीय महाकवि गोपाल भट्ट के पौत्र नीलकण्ठ के पुत्र थे और उनका दूसरा नाम श्रीकण्ठ था। प्रस्तावना के अनुसार उनकी माता जातुकर्णी और गुरु ज्ञाननिधि थे।

भवभूति की रचनाओं में उनके किसी आश्रयदाता का उल्लेख नहीं मिलता, अतः यह अनुमान स्वाभाविक है कि उन्हें जीवन की सन्ध्या में कान्यकुब्जनरेश यशोवर्मा का आश्रय प्राप्त हुआ। यशोवर्मा स्वयं विद्वान् और कवि था और भवभूति अपनी कृतियों के प्रख्यात होने पर उससे सम्मान पाने के अधिकारी हो गये हों तो आश्चर्य नहीं।

इस विद्रोही कवि का अधिकांश जीवन संघर्ष में व्यतीत हुआ, इसके पर्याप्त प्रमाण उपलब्ध हैं, परन्तु उनके कटु अनुभवों ने उन्हें हताश और कटु न बनाकर, उनके प्रखर विद्रोह में अमर आशावाद की प्रतिष्ठा भी की और उनकी करुणा को अधिक विस्तार और गहराई भी दी।

उत्तररामचरित में कवि ने सूत्रधार से कहलाया है--

सर्वथा व्यवहर्त्तव्यं कुतो ह्यवचनीयता।
यथा स्त्रीणां तथा वाचां साधुत्वे दुर्जनो जनः॥

: अपना कर्त्तव्य पूर्णतः करना चाहिए। निन्दा से मुक्ति कहाँ सम्भव है? स्त्री के सतीत्व और वाणी (रचना) के साधुत्व के विषय में मनुष्य दुर्जन ही रहता है।

मालतीमाधव के नवें अंक में उन्होंने अपने काव्य की अवज्ञा करनेवाले आलोचकों को जो उत्तर दिया है, वह युगयुगान्तर तक प्रत्येक नवागत कवि के हृदय में प्रतिध्वनित होता रहेगा–

ये नाम केचिदिह नः प्रथयन्त्यवज्ञां
जानन्ति ते किमपि तान्प्रति नैष यत्नः।
उत्पत्स्यतेऽस्ति मम कोऽपि समानधर्मा
कालो ह्ययं निरवधिर्विपुला च पृथ्वी॥

: जो मेरे काव्य का अनादर करते हैं उन्हें ही इसका कारण ज्ञात होगा। उनके लिए मैंने यह प्रयत्न नहीं किया है। मेरे काव्य को समझनेवाला (मेरा समानधर्मा) कोई व्यक्ति कभी उत्पन्न होगा ही, अथवा इसी समय कहीं होगा, क्योंकि समय असीम है और पृथ्वी विपुल विस्तारमयी है।

उपर्युक्त कथन कवि की अहंकारोक्ति मात्र नहीं है, वरन् यह उसकी अपनी कृति में व्यक्त सत्य के प्रति अडिग आस्था है। सत्य अज्ञात या उपेक्षित रहने पर असत्य नहीं हो जाता।

भवभूति के तीन नाटक उपलब्ध हैं—महावीरचरित, मालतीमाधव और उत्तररामचरित।

महावीरचरित में राम की कथा उनके शैशव से चलकर रावणयुद्ध और अयोध्या-प्रत्यावर्तन में समाप्त होती है।

मालतीमाधव प्रकरण रूपक है, जिसके 10 अंकों में उज्जयिनी के राजमन्त्री की कन्या मालती का माधव नामक विद्वान् से प्रेम और विवाह वर्णित है। तीसरे नाटक उत्तररामचरित के 7 अंकों में राम द्वारा सीता परित्याग और उनके पुनर्मिलन की कथा सर्वथा नवीन पृष्ठभूमि पर प्रस्तुत की गयी है।

बौद्धधर्म के अस्त और ब्राह्मण धर्म के पुनः उदय की द्वाभा में भवभूति ने अपने नाटकों की रचना की है। वे स्वयं वैदिक धर्मानुयायी ब्राह्मण हैं, किन्तु उनकी रचनाओं में पक्षपातजनित निन्दा-स्तुति का अभाव है।

बौद्धधर्म की अस्ताचलगामिनी आभा तन्त्र-मन्त्र के मेघाडम्बर में बिखरकर एक कुहकभरे छायालोक का सृजन कर रही थी। भवभूति ने इस अन्धकार-आलोक के विषम सम चित्र बड़ी सहृदयता से अंकित किये हैं।

समष्टिगत विषमता और विकृतियों के बीच भी व्यक्तिगत विशेषताओं के लिए कवि की करुणा का अभिषेक दुर्लभ नहीं रहता।

मालतीमाधव में अघोरघण्ट, कपालकुण्डला आदि के तान्त्रिक समाज में कवि की दृष्टि परिव्राजिका कामन्दकी के वात्सल्य को खोज लेती है—

दया वा स्नेहो वा भगवति निजेऽस्मिन् शिशुजने
भवत्या संसाराद्विरतमपि चित्तं द्रवयति।
अतश्च प्रवज्या - समयसुलभाचारविमुखः
प्रसक्तस्ते यत्नः प्रभवति पुनर्देवमपरम्॥

: हे भगवति शिशुमालती के प्रति आपकी जो दया अथवा स्नेह है, उसने आपके संसार से विरक्त चित्त को भी द्रवित कर दिया है। इसी से आप प्रव्रजित जीवन के आचार से विमुख होकर उसके लिए यत्नशील हैं।

ब्रह्मा के कमण्डलु में बन्द गंगा के समान भवभूति की करुणा, जो उनकी अन्य कृतियों को सीमा में अभिव्यक्ति का मार्ग खोजकर थकती रहती है, उत्तररामचरित में आकाश से पाताल तक अनन्त विस्तार पा लेती है; अतः उसका दुर्वार वेग युगों से दर्शकों को विस्मयमुग्ध करता आ रहा है।

अतिपरिचय से धूमिल लगनेवाली राम-सीता की कथा भवभूति की करुणा का स्पर्श पाकर नूतन परिचय की दीप्ति से उद्भासित हो उठती है। राम और सीता के व्यक्तित्व

मानो करुणा की वीणा के दो तूँबे हैं, जो जीवन के सम-विषम तारों को जोड़ने के लिए ही एक-दूसरे से दूर हैं और इन तारों पर स्नेह की रागिनी अनन्त आरोह-अवरोहों में मँडराती रहती है।

उत्तररामचरित में कवि की कल्पना नाटककार की करुणा की अनुगामिनी है, अतः कथा के अन्त में रामसीता का मिलन सम्भव हो जाता है।

ग्लानि से पृथ्वी में समा जानेवाली सीता की करुण स्थिति, करुणा के उपासक भवभूति को आकर्षित नहीं करती, क्योंकि वे करुणा को चिरसृजनशीला मानते हैं। इसी से उन्होंने अपने नाटक में कथा की रेखा-रेखा का संयोजन इस प्रकार किया है कि राम सीता का संयोग अनिवार्य हो जाता है। यदि यह संयोग सम्भव नहीं है तो एकनिष्ठ प्रेम असत्य है और यह असत्य मृत्यु का पर्याय है।

उनके नाटक में अलौकिक तत्त्वों का बाहुल्य है। नदियाँ वार्त्तालाप करती हैं, वनदेवियाँ साथ चलती हैं, भागीरथी सीता को अदृष्ट रहने की शक्ति देती है आदि आदि, परन्तु जिस महालय के साथ यह सब घटित होता है उससे मनुष्य का हृदय इतना परिचित है कि वह किसी को मिथ्या नहीं मानता। दाम्पत्य सम्बन्ध की रेखा के भीतर या बाहर संयोग-वियोग की विविध स्थितियों में प्रतिफलित प्रेम के जिन रूपों से हमारा परिचय है, वे भवभूति के चित्रपट को नहीं भर पाते।

संयोग में भी राम, सीता के प्रति अपने प्रेम का जैसा परिचय देते हैं वह किसी अतीन्द्रिय मानसिक स्थिति और जीवनव्यापी तादात्म्य का संकेत है—

विनिश्चेतुं शक्यो न सुखमिति दुःखमिति वा
प्रमोहो निद्रा वा किमु विषविसर्पः किमु मदः।
तव स्पर्शे स्पर्शे मम हि परिमूढेन्द्रियगणो
विकारश्चैतन्यं भ्रमयति च सम्मीलयति च॥

: मैं निश्चित नहीं कर पाता हूँ कि यह सुख है अथवा दुःख, निद्रा है अथवा अतिशय मूर्च्छा, विष का प्रसरण है अथवा मादकता।

तुम्हारे स्पर्श-स्पर्श से एक मनोविकार मेरी इन्द्रियों को स्तब्ध करके मेरी चेतना को भ्रमित और प्रसुप्त कर देता है।

दीर्घ साहचर्यजनित प्रेम की सात्त्विक गम्भीरता स्पष्ट करने के लिए ही मानो भवभूति राम से सीता के शैशव-रूप का स्मरण कराते हैं—

प्रतनुविरलैः प्रान्तोन्मीलन्मनोहरकुन्तलै-
र्दशनमुकुलैर्मुग्धालोकं शिशुर्दधती मुखम्।
ललितललितै ज्योत्स्नाप्रायैरकृत्रिमविभ्रमै-
रकृत मधुरैरम्बानां मे कुतूहलमङ्गकैः॥

: विरल और मुकुलों-जैसी दन्तपंक्ति और कपोलों के दोनों ओर हिलती हुई सुन्दर अलकों से युक्त मुग्धकर शिशु-जैसे मुखवाली सीता तब अपने अतिशय ललित, ज्योत्स्ना के समान स्निग्ध और अकृत्रिम चेष्टाओंवाले अंगों से मेरी माताओं के हृदय में कुतूहल उत्पन्न करती थी।

पत्नी के शैशव का ऐसा स्मरण अन्यत्र दुर्लभ है। चित्र की रेखाएँ मानो किरण को गंगाजल में डुबोकर अंकित की गयी हैं।

प्रेम के विषय में राम के कथन में भवभूति की अपनी मान्यता है, परन्तु उस मान्यता से किसी का विरोध सम्भव नहीं—

अद्वैतं सुखदुःखयोरनुगतं सर्वास्ववस्थासु य-
द्विश्रामो हृदयस्य यत्र जरसा यस्मिन्नहार्यो रसः।
कालेनावरणात्ययात्परिणते यत्स्नेहसारे स्थितं
भद्रं तस्य सुमानुषस्य कथमप्येकं हि तत्प्राप्यते॥

: सुख-दुःख में जो एक रहता है, सब अवस्थाओं में जो एकरस हैं, हृदय जहाँ विश्राम पाता है, जरावस्था जिसका माधुर्य नष्ट नहीं कर पाती और दीर्घ साहचर्य से द्वैत का आवरण हट जाने पर जो स्नेहसार के रूप में स्थिर रहता है, उस दुष्प्राप्य अद्वैत प्रेम को जो मनुष्य प्राप्त कर लेता है वह भाग्यशाली है।

करुणा भवभूति के चिन्तन का केन्द्रबिन्दु भी है और जीवन का सम भी, अतः किसी भी दुःखार्त्त के प्रति उनकी संवेदना सहज है।

उनके युग के समाज की नारी, शूद्र आदि के प्रति जो हीन भावना और अन्य रूढ़ियों के प्रति जो निष्ठा रही होगी, उससे कवि प्रभावित नहीं जान पड़ता।

सीता यदि करुणा की मूर्तिमती पयस्विनी हैं तो वशिष्ठपत्नी अरुन्धती ज्ञान का दीप्त उन्नत शिखर। विदेह जनक अरुन्धती की वन्दना करते हुए कहते हैं—

यया पूतं मन्यो निधिरपि पवित्रस्य महसः
पतिस्ते पूर्वेषामपि खलु गुरूणां गुरुतमः।
त्रिलोकी मंगल्यामवनितललीनेन शिरसा
जगद्वन्द्यां देवीं उषसमिव वन्दे भगवतीम्॥

: पूर्व काल के गुरुओं में भी श्रेष्ठतम और पवित्र तेज की निधि होकर भी, जिसके पति वशिष्ठ जिसके कारण अपने आपको पवित्र मानते हैं, जो त्रिलोक की मंगलविधायक और देवी उषा के समान वन्दनीया है, उस भगवती अरुन्धती को मैं पृथ्वी पर मस्तष्क रखकर प्रणाम करता हूँ।

वेद-साहित्य के अतिरिक्त अन्यत्र ऐसी दिव्य गरिमा-भूषित नारी-मूर्ति दुर्लभ रहेगी।

वाल्मीकि के आश्रम में विद्याध्ययन के लिए अकेली यात्रा करनेवाली आत्रेयी, नारी रूप में उपस्थित तमसा, मुरला, भागीरथी आदि नदियाँ, पृथ्वी और वनदेवियाँ सब अपनी संवेदना में गरिमामयी हैं।

राम द्वारा शूद्रतापस शम्बूक के वध की कथा में कवि परिवर्तन नहीं कर सका, किन्तु उसकी करुणा ने उस क्रूर कर्म पर औचित्य का रंग नहीं फेरा।

शम्बूक के वध के लिए प्रस्तुत राम कहते हैं–

हे हस्त दक्षिण! मृतस्य शिशोर्द्विजस्य
जीवातवे विसृज शूद्रमुनौ कृपाणम्।
रामस्य बाहुरसि निर्भरगर्भखिन्न-
सीताविवासनपटोः करुणा कुतस्ते॥

: हे मेरे दक्षिण हस्त! ब्राह्मण पुत्र को जीवित करने के लिए शूद्रमुनि पर असि का वार कर। तू उस राम का अंग है जो गर्भभार से श्रान्त सीता को निर्वासन देने में पटु है। तुझमें करुणा कैसी!

किसी प्रकार प्रहार करके भी वे अपने क्रूर कर्म के परिणाम के प्रति आश्वस्त नहीं हैं–

कृतं रामसदृशं कर्म। अपि जीवेत्स ब्राह्मणपुत्रः।

यह राम के अनुरूप (क्रूर) कर्म हुआ। कदाचित् वह ब्राह्मण पुत्र जीवित हो जावे।

उपर्युक्त मानसिक स्थिति यही प्रमाणित करती है कि राम, सीता के परित्याग और निर्वासन के समान ही शूद्र तापस के वध को क्रूर कर्म मानते हैं। किन्तु जिस लोकमत ने एक कृत्य करा लिया उसी के कारण दूसरा भी अनिवार्य हो उठा।

भाव की जिस निगूढ़ और गम्भीर मर्यादा के लिए भवभूति प्रकृति के हलके लघु चित्र नहीं आँकते, उसी को अक्षुण्ण रखने के लिए उन्होंने अपने नाटकों से, विदूषक के हलके मनोरंजन को निर्वासन दे डाला है।

परन्तु तीव्र मनोविकारजनित तनाव को शिथिल करने के लिए उन्होंने ऐसे दृश्य और कथन उपकथनों की उद्भावना की है, जो तत्कालीन जीवन और सामाजिक आचार का परिचय भी देते हैं, और शिष्ट हास्य भी सहज कर देते हैं। उत्तररामचरित के चतुर्थ अंक में वाल्मीकि-आश्रम के अन्तेवासी सौधातकि और दाण्डायन के वार्त्तालाप में ऐसे ही हास्य की कोमल दीप्ति है।

कालिदास की रचना मानो सान पर चढ़ाकर खरादा हुआ हीरा है, जो किसी भी कोण से आनेवाली किरण को सहस्र रूपों में प्रतिफलित कर लौटा देता है। किन्तु भवभूति की कृतियों की तुलना खान से सद्यः निकले हुए हीरकखण्ड से की जा सकेगी, जिस पर आलोक का प्रतिफलन कोण-विशेष पर निर्भर है। पर इससे दोनों की महार्घता में अन्तर नहीं पड़ता।

दीर्घ समाससंकुल भाषा और जटिल मनोविकारों के तटों को जोड़कर प्रवाहित भवभूति की करुणा ने ऐसा कुछ दिया है जिसके स्पर्श से–

अपि गीवा रोदित्यपि दलति वज्रस्य हृदयम्।

: पाषाण भी रोते हैं और वज्र का हृदय भी विदीर्ण हो जाता है।

भवभूति की 'उत्पत्स्यतेऽस्ति मम कोऽपि समानधर्मा' में व्यक्त भविष्यवाणी को सत्य करने के लिए प्रत्येक युग में उसके समानधर्माओं की परम्परा अविच्छिन्न चलती आ रही है।

संस्कृत साहित्य की निम्नगामी प्रवृत्ति, जिसकी यात्रा भवभूति के रचनाकाल से पहले ही आरम्भ हो चुकी थी, अपने वेग में दुर्वार होती जा रही थी। पर जिसकी वंशी की टेर ने उस निम्नगा को मरु में खोने से बचाकर प्रेम की ओर मोड़ दिया उस गोपालक तक इतिहास की किरणें नहीं पहुँच पाती हैं।

कृष्ण आभीर थे या आर्य, भागवत के कृष्ण और महाभारत के कृष्ण एक हैं या नहीं, राधा का व्यक्तित्व कल्पित है या सत्य आदि-आदि जिज्ञासाओं का समाधान अब तक नहीं हो सका। परन्तु कवि जयदेव के हृदय के तार उसी वंशीरव से झंकृत हो उठे थे, इसका प्रमाण गीतगोविन्द है।

प्रसन्नराघव नाटक के रचयिता का नाम भी जयदेव है और चन्द्रलोक के प्रणेता का भी। परन्तु गीतगोविन्द के गायक जयदेव तीसरे और दोनों समाननामाओं से भिन्न हैं।

कहा जाता है कि वे वंगनरेश लक्ष्मणसेन के सभाकवि थे जिनका समय 12वीं ई. शती का पूर्वार्द्ध है।

गीतगोविन्द में उन्होंने अपना जो परिचय दिया है उसके अनुसार उनके पिता का नाम भोज और माता का नाम राधादेवी था–

श्रीभोजदेवप्रभवस्य राधादेवीसुतश्रीजयदेवकस्य।
पराशरादिप्रियवर्गकण्ठे श्रीगीतगोविन्दकवित्वमस्तु॥

उनकी पत्नी पद्मावती का उल्लेख भी गीतगोविन्द के आरम्भ में मिलता है–

वाग्देवताचरितचित्रितचित्तसद्मा
पद्मावतीचरणचारणचक्रवर्ती ।
श्रीवासुदेवरतिकेलिकथासमेतमेतं
करोति जयदेवकविः प्रबन्धम्।

कवि के जीवनवृत्त के लिए हमें किंवदन्तियों पर ही निर्भर रहना पड़ता है।

जयदेव का जब आविर्भाव हुआ तब संस्कृत के शृङ्गारी काव्य के नायक-नायिका के रूप में राधाकृष्ण की प्रतिष्ठा हो चुकी थी।

शृङ्गार-भाव जीवन की मूलप्रवृत्तियों में स्थिति रखता है, अतः अन्य मूलप्रवृत्तियों के समान उसका भी संस्कार और उदात्तीकरण स्वाभाविक है। जिस नियम से प्रत्येक अंकुर और वृक्ष धरती के कर्दम और अन्धकार में स्थिति रखते हुए भी आकाश की ओर उठता है और अपनी तत्त्वतः अभिव्यक्ति सीमित कर्दम में न देकर मुक्त सौरभ में देता है, उसी

नियम से, पाशविक कर्दम में जड़ें रखनेवाली मानव-प्रवृत्तियों का क्रमशः उदात्तीकरण होना अनिवार्य है।

'एकोऽहम् बहुस्याम' में काम का जो तत्त्व छिपा हुआ है उससे वैदिक ऋषि भी परिचित हैं और उपनिषद् का दार्शनिक भी। परन्तु जीवन में जब उक्त मूलप्रवृत्ति का उदात्तीकरण सम्भव नहीं रहता तब उसका निम्नगा हो जाना अनिवार्य हो जाता है। भय, क्रोध, घृणा-जैसी मूलप्रवृत्तियों के लिए भी यही सत्य है। या तो मनुष्य उनका परिष्कार कर लेता है या वे अपने मौलिक रूप में मनुष्य की नियामक बनकर उसे पशु के स्तर पर उतार लाती हैं।

शृङ्गार उपासना के बीज, बौद्धधर्म के ह्रास से उत्पन्न तान्त्रिक और वज्रयानी सम्प्रदायों में खोजे जा सकते हैं, जिनकी उपासना में स्त्री पूजोपकरण के समान है।

ईसा की सातवीं शती में ही वंग वज्रयानी और तान्त्रिक उपासना-पद्धति से प्रभावित था।

विकासशील वैष्णव धर्म ने शृङ्गार को अस्वीकार न करके राधाकृष्ण को उसका केन्द्रबिन्दु बना दिया और इस प्रकार मधुर भाव की उपासना ने मनुष्य के मन को तन्त्र-मन्त्रादि कठिन साधना से विमुख कर दिया।

राधाकृष्ण युग्म का विकास भी कम रोचक नहीं है। सांख्य के पुरुष और प्रकृति ने निर्गुणवादियों के ब्रह्म और आत्मा तथा सगुणोपासकों के कृष्णराधा, शिवशक्ति आदि युग्मों के विकास में कोई योग दिया है या नहीं, यह भी विशेष शोध की अपेक्षा रखता है। राधा के व्यक्तित्व की रेखाएँ ई. शती 7 से ही बनने लगी थीं, किन्तु उस व्यक्तित्व में प्राणप्रतिष्ठा का श्रेय भागवत सम्प्रदाय को ही दिया जा सकता है। ई. शती 10 के लगभग श्रीमद्भागवत का रचनाकाल माना जाता है और उसके दशम स्कन्ध में कृष्ण और गोपिकाओं की रास-क्रीड़ाओं का सजीव और रसप्लावित चित्रण मिलता है।

गीतगोविन्द के कवि ने इन शृङ्गार चित्रों को तान-लय में बाँधकर ऐसी गेयता दी है, जिसका माधुर्य चिर नूतन और झनकार सनातन है।

भारतीय गीत साहित्य अन्तरंग और बहिरंग दोनों में विविध है। ऊषा की दिव्य सुषमा से लेकर दादुर की ध्वनि तक को अपनी सीमा में सुरक्षित रखनेवाले वेद-गीत हैं। भिक्षु-भिक्षुणियों के साधनामय जीवन की कथा सुनानेवाले गीतिवृत्त हैं। दैनन्दिन जीवन के अतिपरिचित और क्षणिक सुख-दुःख, मिलन-विरह, पर्व-उत्सव आदि को लय के तार में गूँथकर अक्षय माधुर्य देनेवाले लोकगीत हर साँस में मुखरित हैं। सिद्धों के गूढ़ और गुरु ज्ञान को संगीत के पंख देनेवाले मन्त्र-गीत भी साहित्य का महार्घ न्यास हैं। सारांश यह कि बुद्धि की जटिल प्रक्रिया से हृदय की सरल सम्प्रेषणीयता तक, जो कुछ भारतीय प्रतिभा संचित कर सकी, उसे उसने जीवन का छन्द बनाकर कण्ठों में सुरक्षित रखने का अथक प्रयास भी किया है। गीतगोविन्द इस अविच्छिन्न गीतपरम्परा की मूल्यवान् कड़ी है।

राधाकृष्ण को केन्द्र बनाकर चलनेवाली शृङ्गार-उपासना और उन्हें आध्यात्मिक प्रेम का प्रतीक मानकर विकास करनेवाली भक्ति-भावना की सन्धि में जयदेव का आविर्भाव होने

के कारण उन्हें दोनों का दायभाग अनायास प्राप्त हो गया। पर इस सम्मिलित दाय से उत्पन्न द्वाभा आनेवाले युगों में अनेक मतभेदों का कारण बनती रही है।

जयदेव के गीत विच्छिन्न न होकर एक गेय प्रबन्धात्मकता में बँधे हुए हैं, अतः द्वादश सर्गों में विभाजित इस गीतिकाव्य में राधाकृष्ण के मान, रास, विरह, मिलन आदि की ललित कथा कही गयी है। किन्तु जयदेव का चित्रपट न तो निर्गुण गीतकारों के चित्रफलक के समान विराट् है, जिसमें सम्पूर्ण जगत् एक ब्रह्म की अभिव्यक्ति बनकर समा जाता है और न वह सगुणोपासक कथाकारों के चित्रफलक के समान सीमित और विविध है, जिसमें मानव-रूप में अवतरित इष्ट को जीवन के कठिन संघर्ष और उससे उत्पन्न असंख्य परिस्थितियों में रहना पड़ता है।

कवि जयदेव की विशेषता उनकी भाषा में जितनी प्रत्यक्ष है, उतनी कथ्य में नहीं। संस्कृत भाषा का उन्होंने जैसा प्राञ्जल और स्निग्ध-मधुर लचीलापन दिया है, उसकी तुलना में स्वभावमधुर ब्रजभाषा ही ठहर सकती है।

गीतगोविन्द अस्ताचलगामी संस्कृत काव्य का सन्ध्या-गीत है, अतः उसके सुनहले-रुपहले क्षितिज के ऊपर इन्द्रधनुषी किरणें ही नहीं मँडरा रही हैं, नीचे अतल से उठते हुए अन्धकार की लहरें भी उससे टकरा रही हैं।

भारतीय वाङ्मय की रूपमयता विविध और चेतना सर्वात्मिका है। उसमें से कुछ पंक्तियाँ लेकर उसका परिचय देना, कुछ बूँद जल लेकर समुद्र का परिचय देने के समान हो जाता है।

पर यह सत्य है कि हम अपनी छोटी गंगाजली में जितना जल भर लेते हैं, उतना ही तो गंगा में नहीं होता और जितनी वर्षा से हमारा बोया बीज अंकुरित हो जाता है, उतनी ही तो मेघ के जलदान की सीमा नहीं होती। हम अपनी परिमित प्राप्ति से ही अपरिमित प्राप्य की ओर संकेत करते हैं।

स्वाध्याय से अधिक प्रयाससाध्य होने पर भी अनुवाद अन्ततः अपूर्णता की अनुभूति ही देता है। कारण स्पष्ट है।

भाषा विचारों और मनोभावों का परिधान है और दृष्टि से एक विचारक या कवि की उपलब्धियाँ जिस भाषा में व्यक्त हुई हैं, उससे उन्हें दूसरी वेश-भूषा में लाना, असम्भव नहीं तो दुष्कर अवश्य रहता है।

अपरिचित परिधान कभी-कभी उनके व्यक्तित्व की विशेषता को आच्छादित कर उसे अपरिचित या कौतुकमात्र बना देता है।

इसके अतिरिक्त युग-विशेष के कृती स्रष्टा की अनुभूतियों की पुनरावृत्ति सहज नहीं होती। कवि जब अपनी अनुभूतियों की भी यथातथ्य आवृत्तियाँ करने में असमर्थ रहता है, तब युगान्तर के किसी कवि की अनुभूतियों की आवृत्ति के सम्बन्ध में कुछ कहना व्यर्थ है। परन्तु अनुवादक के लिए ऐसी तादात्म्यमूलक आवृत्ति आवश्यक ही रहेगी, जिसमें वह देश-काल के व्यवधान पार करके किसी कवि की अनुभूति को नवीन वाणी दे सके।

किसी कवि की कृति के अध्ययन के समय उसकी अनुभूतियों के साथ पाठक का जो तादात्म्य होता है वह कभी पूर्ण, कभी अंशतः पूर्ण और कभी अपूर्ण हो सकता है। इस

तादात्म्य की मात्रा के न्यूनाधिक्य पर केवल उसके अपने आनन्द की मात्रा का न्यूनाधिक्य निर्भर है, किन्तु जब वह किसी की अनुभूति को मर्मतः दूसरों तक सम्प्रेषणीय बनाने का कर्त्तव्य अंगीकार कर लेता है, तब उसका तादात्म्य या उसका अभाव दो पक्षों के प्रति उत्तरदायी है। प्रस्तुत अनुवाद की अपूर्णताओं के प्रति मैं सजग हूँ, समुद्र की अतल गहराई से निकाला हुआ मोती काष्ठ की छोटी मंजूषा में भी रखा जा सकता है।

अनुवाद के साथ मूल देने की औपचारिकता का निर्वाह नहीं किया गया। जिनका संस्कृत मूल से परिचय है, उनके निकट अनुवाद पढ़ने का आयास, चले हुए राजमार्ग की ओर पगडण्डियों से लौटने के समान है। और जो संस्कृत से अपरिचित और उसकी दुरूहता सम्बन्धी किंवदन्तियों से अति परिचित हैं, वे संस्कृत के साथ मुद्रित हिन्दी की पुस्तक से भी सभीत रहते हैं।

भविष्य में स्थिति-परिवर्तन के लिए 'कालो ह्ययं निरवधिर्विपुला च पृथ्वी' ही मानना चाहिए–

रामनवमी
2017 वि.

—महादेवी

आर्षवाणी

उषा

दिवजाता शुभ्राम्बर-विलसित,
नूतन, आभा से उद्भासित,
भू-सुषमा की एक स्वामिनी
शोभन आलोकित विहान दे।

अरुण किरण के वाजि चन्द्र-रथ-
ले करती जा पार क्रान्ति-पथ,
निशि-तम-हारिणि हे विभावरी
हमें यजन गौरव महान् दे।

सुगम तुझे गति है अचलों पर,
सुतर शान्त लहरों का सागर,
निश्चित क्रम विस्तृत पथ-चारिणि,
स्वतः दीप्त तू हमें मान दे।

दिन दिन नव नव छबि में आकर,
गृह गृह में आलोक बिछाकर,
ज्योतिष्मती प्रात की वेला,
ऐश्वर्यों में श्रेष्ठ दान दे।

जन न ठहरते पथ में पग धर,
खग न रुके नीड़ों में पल भर,

जिसका उदय विलोक—वही
अरुणा अब हमको सजग प्राण दे।

जागे द्विपद चतुष्पद आकुल,
दिग्दिगन्तचारी पुलकाकुल,
जिसका आगम देख उषा वह
कर्म-पन्थ सबको समान दे।

—ऋग्वेद

ज्योतिष्मती

आ रही उषा ज्योतिःस्मित!

प्रज्वलित अग्नि है लहराती आभा सित।

सब द्विपद चतुष्पद प्राणि जगत् है चंचल,
सविता ने सबको दिया कर्म का सम्बल,

नव रश्मिमाल से भूमण्डल-परिवेषित!

आ रही उषा ज्योतिःस्मित!

जो ऋत की पालक मानव-युग-निर्मायक,
जो विगत उषाओं के समान सुखदायक,

भावी अरुणाओं में प्रथमा उद्भासित!

आ रही उषा ज्योतिःस्मित!

आलोकदुकूलिनि स्वर्ग-कन्यका नूतन,
पूर्वायन-शोभी उदित हुई उज्ज्वलतन,

व्रतवती निरन्तर दिग् दिगन्त से परिचित!

आ रही उषा ज्योतिःस्मित!

उसके हित कोई उन्नत है न अवर है,
आलोकदान में निज है और न पर है,

विस्तृत उज्ज्वलता सबकी, सबसे परिचित!

आ रही उषा ज्योतिःस्मित!

रक्ताभ श्वेत अश्वों को जोते रथ में,
प्राची की तन्वी आयी नभ के पथ में,

गृह गृह पावक, पग पग किरणों के रंजित!

आ रही उषा ज्योतिःस्मित!

—ऋग्वेद

जागरण

सज गया दक्षिणा का देखो वह महत् यान,
सब जाग उठे हैं अमृत पुत्र भी कान्तिमान्!

आर्या अरुणा आरूढ़ आ रही तिमिर पार,
गृह गृह पहुँचाने ज्योतिर्धन का अतुल भार।

जेता संग्रामों की ऐश्वर्यों की रानी,
चेतन जग से पहले जागी वह कल्याणी;

वह युवति सनातन प्रतिदिन नूतन बन आती,
वह प्रातयज्ञ में प्रथम पुरोहित सी भाती।

कर देवि! सुजाते! ऐश्वर्यों का सम वितरण,
सविता साक्षी, हैं हम सबके अकलुष तन मन;

आलोक बिछाती प्रियदर्शन छबिमय प्रतिदिन,
उजला कर जाती हर घर का तममय आँगन।

ज्योतिर्वसना तू शनैः शनैः उतरी भू पर,
निधियों में तेरा दान रहा सबसे भास्वर;

ओ सूर्य वरुण की स्वसा! गूँजते तेरे स्वर,
हारे विद्वेषी, रथी रहें हम विजयी वर।

हो ऊर्ध्वगामिनी सत्य पुरन्ध्री वाक् मधुर;
प्रज्वलित पूत यह अग्निशिखा उठती ऊपर,

तम के परदे में जो निधियाँ थीं अन्तर्हित,
अब दीप्तिमती वेला में होतीं उद्भासित।

जाती रजनी, आती है अरुणा क्षिप्रचरण,
हैं रूप भिन्न पर एक संचरण का बन्धन;

वह अन्तरिक्ष में तिमिर-तोम फैला जाती,
जाज्वल्यमान् स्पन्दन पर यह पथ में आती।

जो रूप आज, कल भी उसका प्रत्यावर्तन,
करती अरुणाएँ वरुण-नियम गति में धारण।

क्रम से नित करती पन्थ पार योजनत्रिंशत्,
होता समीप प्रत्येक पहुँचती दोषरहित।

परिचित है दिन के प्रथम चरण के आगम से,
उज्ज्वलवदना उद्भूत हुई है वह तम से;

वह कान्तिमती युवती प्रकाश का कर वर्षण,
रखती अखण्ड वह नियम बँधा जिससे जीवन।

रूपसि कन्या सी अवगुण्ठन से मुक्त वदन,
कामनाशील सविता का करती स्वयं वरण;

उसके समक्ष यह युवति विभा सस्मित आनन,
उर का आवरण हटा, देती छबि का दर्शन।

ज्यों मातृ-प्रसाधित वधू-गात लोचन-रोचन,
विच्छुरित प्रभा से आज उषा का सुन्दर तन;

तम का वारण कर ज्योतिमयी भद्रे! धन्या!
तेरी समानता कर न सके अरुणा अन्या।

यह अश्ववती गोमती विश्व से वरणीया,
रवि-रश्मि-प्रेरिता आती है नित कमनीया;

यह नित्य लौटती दूर दिशाओं में जाकर,
मंगलरूपों में संकेतित मंगल के वर।

× × ×

करती ध्रुव अनुसरण सूर्य-किरणों का तू नित,
भद्रे! कर दे कर्म हमारे भद्र-निवेशित।

तेरा यह आलोक करे अज्ञानों का क्षय,
प्राप्त हमें होताओं को, हो निधियों का चय।

—ऋग्वेद

बोध

मुझको देखो, मुझको जानो!

मैं मनु था मैं कक्षिवान्
मैं सूर्य दिवाकर,
अपनाता हूँ आर्जुनेय (विद्वज्जन) को
मैं ही ऋतपर।

मुझको देखो, मुझको जानो!

आर्य (श्रेष्ठ) जनों के हित मैं
धरती का दाता हूँ,
दानशील के लिए वृष्टियाँ
मैं लाता हूँ!

मुझको देखो, मुझको जानो!

मेरे ही इंगित से जल
कर रहे संचरण,
मेरी प्रज्ञा का करते हैं
देव अनुसरण!

मुझको देखो, मुझको जानो!

मैं कवि हूँ, मैं क्रान्ति दृष्टियों
से संयुत हूँ,
मैं उशना हूँ अखिल विश्व—
मैं सबका हित हूँ!

मुझको देखो, मुझको जानो!

—ऋग्वेद

अग्नि–गान

1

हव्यवाह! नित ज्वलनदीप्त तुम
यजनशील के दूत समान,
बल-जन्मा! तुमसे यजनों में
होता देवों का आह्वान!

रचते हो तुम आहुतियों से
नित्य दिव्य अर्चना-विधान,
करते हो तुम अन्तरिक्ष में
आलोकित पथ का निर्माण!

वेगवती लपटें लगती हैं
जैसे हों तुरंग चंचल,
नभ के मेघों के समान ही
उनका है सुमन्द्र गर्जन!

आयुध सी इन दीप्त शिखाओं–
से सज्जित समीर-प्रेरित,
बली वृषभ से अग्नि वनों में
बाधारहित तुम्हीं धावित!

व्यापक अन्तरिक्ष में रहते
प्रभा-पुत्र तुम अन्तर्हित,
सभी चलाचल हो जाते हैं
वेग तुम्हारे से कम्पित!

दीप्त स्वर्ग के तुम मस्तक हो
तुम पृथिवी की नाभि अनूप,
दिव्य लोक, धरती दोनों में
तुम रहते हो अधिपति रूप!

एक सूर्य में ज्यों हो जाते
लीन किरण के जाल समस्त,
हे वैश्वानर! वैसे ही हैं
तुम में सारी निधियाँ न्यस्त!

2

आज यज्ञशाला का खोलो द्वार!

द्वार वही जो यजन-विवर्द्धन,
द्वार वही आलोकित निर्जन

करो वहीं एकत्र यज्ञसम्भार!

हैं त्वष्ट्रा! हे अग्रज ऋतमय!
कामरूप हे अग्नि निरामय!

करो हमारे हेतु मंगलाचार!

देव वनस्पति! करो हृष्टमन,
देवों को यह हव्य समर्पण,

होता को हो प्राप्त दिव्य उपहार।

आज यज्ञशाला का खोलो द्वार।

3

हम मनुष्य अपनी रक्षा हित,
करते हैं आहूत,
हमें ओजमय करो अग्नि,
तुम दिव्य लोक के दूत!

छूट धनुष से फैल गये,
जैसे दिशि दिशि में बाण,
त्यों फैले स्फुलिंग तुम्हारे,
अहे अर्चि-सन्धान!

करते हो अपनी ऊष्मा से,
तुम मर्त्यों में वास,
आलोकित हों मंगलमय हों,
ये धरती आकाश!

—ऋग्वेद

प्रश्न

पूछ रहा हूँ आज स्वयं अपने से, उर में
हो सकता क्या एक कभी उससे अन्तर में?

अवहेला को भूल कभी वह स्नेह-तरल मन,
कर लेगा स्वीकार गीत की भेंट अकिंचन?

किस दिन मैं उज्ज्वल प्रसन्नचित कल्मष खोकर;
मिल पाऊँ आनन्दरूप से सम्मुख होकर?

दर्शनयाचक मैं, कह दे क्या अवगुण मेरे,
जिनके कारण आज मुझे यह बन्धन घेरे?

जो ज्ञानी हैं, पूछ चुका उनसे बहुतेरा
सबका उत्तर एक वही : प्रभु रूठा तेरा!

अविनय ऐसा कौन आज तू भी जिसके हित,
स्नेह-सखा को किया चाहता इतना दण्डित?

हे दुर्लभ! दे बता और तब दोषविगत मैं,
पहुँचूँ तुझ तक त्वरित, भक्ति से नमित विनत मैं।

—ऋग्वेद

भू-वन्दना

सत्य महत्, संकल्प, यज्ञ, तप, ज्ञान, अचल ऋतु,
जिस पृथिवी को धारण करते रहते अविरत,
भूत और भवितव्य हमारा जिससे अधिकृत,
वह धरती दे हमें लोक-हित आँगन विस्तृत।

जिसके हैं बहु भाग समुन्नत, अवनत, समतल,
नहीं मानवों के समूह से बाधित, संकुल,
विविध शक्तिमय ओषधियों की वृद्धि-विधायक,
यह पृथिवी नित रहे हमें स्थिति-मंगलदायक।

आश्रित जिस पर सभी सरित्-सर-सागर के जल,
लहराता है जहाँ शस्य का शोभन अंचल,
जिस पर यह चल प्राणि-जगत् है जीवित, स्पन्दित,
वही धरा दे हमें पूर्वजों का श्रेयस् नित।

फैलीं चारों ओर दिशाएँ दूर अबाधित,
जिस पर होते विविध अन्न कृषियाँ उत्पादित,
जो सयत्न करती बहुधा जीवन का पोषण,
वही हमारी भूमि शस्य दे दे औ' दे गोधन।

सृष्टि पूर्व जो रही सिन्धु में जलमय तन से,
ऋषियों ने की प्राप्त सिद्धि के अक्षय धन से,

परम व्योम वह अमर सत्य-तेजस्-आच्छादित
जिसका उर है वही धरा दे शक्ति अपरिमित।

अप्रमाद, सेवारत, औ' समभाव निरन्तर—
प्रवहमान हैं निशिदिन जलधाराएँ जिस पर,
वह बहु धारावती हमारी धरती प्लावित,
दे हमको वर्चस्व और कर दे आप्यायित।

मापा करते जिसे दिवाकर - निशिकर - अश्विन,
रखकर जिस पर चरण विष्णु कर रहा संचरण।
रहित शत्रु, जिसकी करता है इन्द्र प्रबलतम,
दे हमको वह भूमि पयस्, सुत को माता सम।

शोभित जिस पर अचल, हिमाचल, वन सुषमाकर,
अक्षत अमर अजेय खड़े हम उस वसुधा पर!
श्यामल गैरिक अखिल रूपमय मघवा-रक्षित,
उसी भूमि पर रहें सदा हम सुख से विचरित।

जो तुझसे उत्पन्न शक्ति औ' बल का आकर,
हमें उसी के बीच प्रतिष्ठित कर दे सत्वर,
पूत हमें कर धरापुत्र हम तुझसे लालित,
रसदायक पर्जन्य पिता से भी हों पालित।

हम सबके हित महत् सदन बनकर तू रहती,
महत् वेग, संचलन महत्, कम्पन भी महती!
रहे महत् निस्तन्द्र इन्द्र-छाया में ऐसी,
स्वर्णधरा तू, पर न हमें देना विद्वेषी।

तेरा जो शुभ गन्ध मिला ओषधि, जल-कण में,
अप्सरियाँ गन्धर्व जिसे रखते निज तन में,

उस सौरभ से गात हमारा तू सुरभित कर,
पड़े किसी की द्वेष-दृष्टि जो जननि न हम पर।

जिस परिमल से नीलोत्पल के कोष रहे भर,
जिसे लगाते अमर, उषा के लग्न-पर्व पर,
उसी गन्ध से भूमि! हमारा कर आलेपन,
हो न हमारी ओर किसी का द्वेष भरा मन।

नारी में, नर में तेरा जो गन्ध समुज्ज्वल,
वीरों में, मृग-हस्ति-अश्व में जो बनता बल,
कन्या में जो कान्ति उसी सौरभ से चर्चित
कर दे हमको जननि! न चाहे कोई अनहित!

भू ही तो पाषाण, शिला, औ' धूलि पटल में,
थामे सबको वही अंक अपने निश्चल में!
तेरा उर है हमें राशि सोने की अभिमत,
देते हैं हे भूमि तुझे हम आज नयन शत!
तरे पावस औ' निदाघ तेरे मधु-पतझर,
तुझ पर रहतीं शरद्, शिशिर सब, ऋतुएँ निर्भर,
तुझसे होते सदा दिवस औ' रजनी निर्मित,
ओ पृथिवी यह रहें हमारे ही सुख के हित।

जिसके उर पर विविध वनस्पतियाँ औ' तरुवर,
पाते ही रहते विकास ध्रुव और निरन्तर।
धरा हुई जो धारण करके यह जग सारा,
उसका वन्दन आज कर रहा गान हमारा।

—अथर्ववेद

शान्ति–स्तवन

शान्त गगन हो शान्त धरा हो!
फैला दिशि दिशि
अन्तरिक्ष हो शान्त हमारा,
शान्त हमारे हित हो
सागर की ज़ल धारा,
ओषधियों में क्षेम हमारे हित बिखरा हो।
शान्त गगन हो शान्त धरा हो!

शममय हो भूकम्प
शान्त उल्का-निपतन हो,
शम, विदीर्ण धरती
का उर भी भीति शमन हो,
क्षेमकरी ही रहे धेनु लोहितक्षीरा हो।
शान्त गगन हो शान्त धरा हो।

उल्का-अभिहत ग्रह
शम हों अभियान दुःखकर,
शम कृत्या छल कुहक
हिंस्र आचरण क्षेमकर,
संहारक विध्वंस हमें शम शान्ति भरा हो!
शान्त गगन हो शान्त धरा हो!

विवस्वान् सम, मित्र
वरुण अन्तक भी शममय,
पृथिवी के नभ के सारे
उत्पात शान्तिमय,

नभचर नक्षत्रों की गति में शम उतरा हो!
शान्त गगन हो शान्त धरा हो!

इन्द्रिय के गण पाँच
षष्ठ मन से संयुत हो,
तेज-दीप्त जो रहते हैं
उर में संस्थित हो,

क्रूर कर्म-क्षम वही इन्द्रियाँ क्षेमकरा हों!
शान्त गगन हो शान्त धरा हो!

दिव्य ज्ञान से दिव्य
उच्चता पाता जो मन,
क्रूर कर्म में भी जिससे
योजित होता जन,

वही हमारा सुमन शान्त शम में निखरा हो!
शान्त गगन हो शान्त धरा हो!

परिवर्तन के पूर्व रूप
हों हमें शान्तिमय,
शान्त हमें हों कृत
अकृत सब कर्मों के चय,

शान्त भूत भवितव्य सृष्टि कल्याणधरा हो!
शान्त गगन हो शान्त धरा हो!

परम श्रेष्ठ यह दिव्य
ब्रह्म - शंसित कल्याणी,
कठिन कर्म का कारण
भी बनती जो वाणी,

वागूदेवता वही हमारी ऋतम्भरा हो!
शान्त गगन हो शान्त धरा हो!

—अथर्ववेद

साम्य–मन्त्र

स्नेह भावना युक्त द्वेष भावों से विरहित,
मैं करता हूँ, तुम सबको सम सौमनस्य-चित।

वत्स ओर धावित होती ज्यों गो ममता से,
आकर्षित तुम रहो परस्पर त्यों समता से।

माता के प्रति पुत्र रहे अनुकूल निरन्तर,
रहे सदा निज जनक अनुगमन में वह तत्पर।

सुखद स्नेह-मधुमती शान्ति की दायक वाणी,
गृह में पति से कहे सदा जाया कल्याणी।

कभी सहोदर का न सहोदर विद्वेषी हो,
भगिनी का उर भगिनी का हित अन्वेषी हो,

हों समान संकल्प और व्रत एक तुम्हारा,
हो कल्याण प्रसार कथन उपकथनों द्वारा।

हुए देवगण द्वेषरहित मन जिसको पाकर,
रखते नहीं विरोध-बुद्धि एकान्त परस्पर।

उसी ज्ञान से प्रति गृह को करता अभिमन्त्रित,
जन जन को वह करे एक चेतना-नियन्त्रित।

एक दूसरे से चाहे हो श्रेष्ठ ज्येष्ठ जन,
एकचित्त हो रहो कार्यसाधन-संयत-मन।

पृथक् न हो तुम एक धुरी में बद्ध करो श्रम,
रहो प्रियंवद् करता हूँ मन चित्त एक सम।

हो पानीय समान, अन्न भी एक रहे नित,
एक सूत्र में तुमको मैं करता संयोजित।

चक्रनाभि संलग्न अरे ज्यों रहते अनगिन,
वैसे ही तुम करो अग्नि का मिल अभिनन्दन।

एक कार्यरत तुम, संस्थिति भी एक तुम्हारी,
करता हूँ तुमको समान निधि का अधिकारी।

देवों के सम करो अमृत का तुम संरक्षण,
सायं प्रात समान तुम्हारे रहें शान्त मन।

—अथर्ववेद

अभय

दिशि-दिशि मेरे लिये अभय हो।

मैं अपने निर्दिष्ट
लक्ष्य तक पहुँचूँ निश्चित,
यह पृथ्वी आकाश,
सदा शिव हों मेरे हित;

हों प्रतिकूल न ये प्रदिशाएँ,
द्वेष भाव का मुझमें क्षय हो।

दिशि-दिशि मेरे लिये अभय हो।

प्राप्त हमें हो इन्द्र!
तुम्हारा लोक असीमित,
जिसमें हो कल्याण,
ज्योति से जो आच्छादित;

स्थिर विशाल भुज की छाया में,
हमें भीति से मिली विजय हो।

दिशि-दिशि मेरे लिये अभय हो।

भीति रहित यह अन्तरिक्ष,
मुझको हो घेरे,
धरती दिव कल्याण-
विधायक हो नित मेरे;

ऊपर-नीचे, आगे-पीछे,
कहीं नहीं मुझको संशय हो!

दिशि-दिशि मेरे लिये अभय हो।

नहीं मित्र से भीत,
शत्रु से हो निर्भय मन,
ज्ञात और अज्ञात,
न कोई भय का कारण;

शंका रहित रात मेरी हो,
दिन मुझको कल्याण निलय हो।

दिशि-दिशि मेरे लिये अभय हो।

जिन कवचों से दिव्य-
वपुष, हो गये देवगण,
स्वयं इन्द्र करता है,
जिनका तेज-संगठन;

करें वर्म वे ही आच्छादित,
मेरे लिये सभी शममय हो!

दिशि-दिशि मेरे लिये अभय हो।

धरती मेरा कवच,
कवच है नभ मेरे हित,
दिन भी मेरा कवच
कवच रवि है उद्भासित;

शंकाएँ छू मुझे न पायें,
विश्व कवच मेरा अक्षय हो।

दिशि-दिशि मेरे लिये अभय हो।

--अथर्ववेद

गृह–प्रवेश

रचते हैं आवास यहीं हम अपना निश्चित
रहे क्षेममय धाम सदा यह स्निग्ध, सुरक्षित!

हे गृह! लेकर साथ वीर औ' अक्षत परिजन,
आये तेरे निकट, शरण दे तेरा आँगन!

अचला हो यह नींव उसी पर रहे प्रतिष्ठित,
गो-अश्वों से भरा, रहे तुझमें सुख संचित!

हम सबके हित उन्नत रह सौभाग्यव्रती हो,
ऊर्जस्वित घृतवति शाले! तू पयस्वती हो!

ध्रुव स्तम्भों पर रहे समुन्नत छाया तेरी,
लगी तुझी में रहे विमल धान्यों की ढेरी!

सदन! लौट आने देना गोधूली वेला,
बाल, वत्स औ' गति-मन्थर सुरभी का रेला!

सविता, मघवा, वायु, बृहस्पति पथ के ज्ञाता,
तेरे हित सब रहें सदा स्थिति-मंगल दाता!

इसे सिक्त करने आवें अनुकूल मरुतगण,
ऋद्धिदेव से शस्य-भूमि के हों उर्वर कण!

देवों ने की प्रथम प्रतिष्ठित गृहदेवी वर,
सानुकूल जो हुई शरण औ' छाया देकर!

दूर्वादल-वेष्टिता सदन की देवि सदय हो,
हमें मिले ऐश्वर्य वीरजन से परिचय हो!

वंशदण्ड! आधार-स्तम्भ का अधिरोहण कर,
देख तुझे ध्रुव उग्र द्वेषिजन हों कम्पित उर!

तेरे नीचे क्षेमयुक्त रक्षित परिजन हो,
सब स्वजनों के साथ शरद् शत का जीवन हो!

आये बालक और वत्स गोधन भी आये,
लाये हम पानीय पात्र दधि के भी लाये!

गृहिणी! ले आ पूर्ण कलश तू अपना न्यारा,
इसमें बहती रहे सदा अमृत-घृत-धारा!

अमृतरस से पात्र, हमारा कर आपूरित,
इष्टपूर्ति से रहे धाम का मंगल रक्षित!

अक्षय जल अक्षय होने के हित लाये हम,
अमर अग्नि के साथ अजर गृह में आये हम!

—अथर्ववेद

स्वस्ति

रात्रि हमें शुभ हो औ' शुभ दिन भी हो मनभाया!

दिव के तेज-शक्ति-आपूरित
जो था पार्थिव विश्व चराचर,
तमस्विनी रजनी! छायी है
तेरी व्यापक छाया सब पर।

यह तारों से खचित तिमिर
अब दिग्दिगन्त छाया।

दृष्टि न जिसका पार पा सकी
उसमें यह समस्त जग गतिमय,
पृथक् न इसमें रहता कोई
सब पाते इसमें एकाश्रय,

हमें पार कर, दुःख रहित,
सब कण्ठों ने गाया!

मूल्यवान् जिन निधियों को हम
करते हैं निज श्रम से संचित,
जिन निधियों को हम रखते हैं
मंजूषाओं में संगोपित,

उन सबके हित हमने तुझको
　　संरक्षक पाया।

माता रात्रि! सौंप जाना तू
　　हमें उषा के संरक्षण में,
उषा हमें फिर, तुझे सौंप दे
　　सन्ध्या समय विदा के क्षण में!

रात्रि हमें शुभ हो औ' शुभ
　　दिन भी हो मनभाया!

—अथर्ववेद

चयन

1

परि प्रासिष्यदत् कविः
सिन्धोरूर्माविधिश्रितः
कारुं विभ्रत पुरुस्पृहम्।
—साम पूर्वाचिक 5-10

लोक - हित - तन्त्री सँभाले
सिन्धु - लहरों पर अधिश्रित,

बह चला कवि क्रान्तदर्शी
सब दिशाओं में अबाधित।

2

अन्ति सन्तं न जहाति
अन्ति सन्तं न पश्यति।

देवस्य पश्य काव्यम्
न ममार न जीर्यति॥

—अथर्ववेद 10-8

जिस समीपवर्ती से होते
दूर न क्षण भर,

जो समीप है किन्तु
देखना जिसको दुष्कर,

देखो तुम उस सृजनशील का
काव्य मनोहर,

अमर और नित नूतन जो
रहता है निर्जर।

3

यथा द्यौश्चपृथिवी च
न विभीतो न रिष्यतः

एवा मे प्राण मा विभेः॥ 1 ॥
—अथर्ववेद : 215

यह उन्नत आकाश
और यह धरती जैसे,
भीतिरहित हैं और
निरन्तर रहते अक्षय,

वैसे ही हे प्राण!
अबाधित गति तेरी हो,

नष्ट न होना और सदा तू रहना निर्भय।

4

भद्रमिच्छन्त ऋषयः स्वर्विदस्तपो
दीक्षामुपनिषेदुरग्रे ।

ततो राष्ट्रबलमोजश्च जातं
तदस्मै देवा उपसंनमंतु॥
—अथर्ववेद : 19-41

ज्ञाता औ' कल्याण चाहने वाले ऋषिवर
तपदीक्षित जब होते पहले, ज्ञानार्जनपर,

तब होता है राष्ट्र ओजसंयुत बलनिर्भर,
तभी देवगण से उसको मिलता है आदर!

5

अयं कविरकविषु, प्रचेता
मर्त्यैष्वग्निरम्रतो निर्धाण्य।

स मा नो अत्र जुहुरः सहस्वः
सदा त्वे सुमनसः स्याम॥
—ऋग्वेद : 7-44

कवि होकर सर्वदा
अकवियों में रहता जो,
मरणधर्मियों में अमृत
बनकर बसता जो,

वही प्रचेतन अग्नि
हमारा करे न अनहित,
रहें उसी में हम सदैव
हो सौमनस्य चित।

6

न पापासो मनामहे
नारायासो न जल्हवः।

यदिन्न्विन्द्रं वृषणं सचा सुते
सखायं कृणवामहै॥

ऋग्वेद : 8-61

उसे मनाते नहीं
पाप से मलिन कभी हम,
दीन नहीं, हमको
न घेरता तेजरहित तम।

इसीलिए उस सुखवर्षक
सामर्थ्यवान् को
यज्ञकर्म में सखा
बना लेते अपना हम।

7

उद्यानं ते पुरुष नावयानं
जीवातुं ते दक्षतातिं कृणोमि।

आ हि रोहेममममृतं सुखं रथम्
अथ जिर्वि र्विदथमावदासि॥

—अथर्ववेद : 8-1

तेरा गति हो ऊर्ध्व पुरुष!
हो कभी न अवनत
जीवन को तेरे करता हूँ
शक्ति समन्वित।

ध्रुव तू हो आरूढ़ अमृत के,
सुख के रथ पर।
हो चिरायु तू ज्ञानप्रसारण
में रह तत्पर।

8

स्वस्ति तं मे सुप्रातः सुखायं
सुदिवं सुमृगं सुशकुनं मे अस्तु।

सुहवमग्ने स्वस्त्यमर्त्यं
गत्वा पुनरायाभिनन्दन॥

—अथर्ववेद 19-8

शुभ मुझको सूर्यास्त
प्रात सायं सुखकर हों
स्वस्ति मुझे हो दिवस
शकुन मृग शुभ शमकर हों।

अग्नि! होत्र मेरा हो
शुभशंसी सबके हित,
अमर भाव कर प्राप्त
लौट तू हो अभिनन्दित।

9

बृहस्पते प्रथमं वाचो अग्रं,
यत्प्रेरत नामधेयं दधानाः।

यदेषां श्रेष्ठं यदरिप्रमासीत्प्रेवा,
तदेषां निहितं गुहाविः॥
—ऋग्वेद 10-71

वाणी का थीं पूर्व रूप,
संज्ञाएँ केवल,
बुद्धिलीन वह रही,
श्रेष्ठ कल्याणी निर्मल।

बृहस्पते! जो आदि मनुज,
में भावों का चय,
प्रीत हृदय से व्यक्त हुआ,
वन गिरा अनामय।

10

आकूती देवी सुभगा पुरा दध,
चित्रस्य माता सुहवानो अस्तु।

यामाशामेमि केवली सा,
मे अस्तु, विदेयमेनां मनसि प्रविष्टाम॥

—अथर्ववेद 16-4

वाक अर्थ की शक्ति,
बोध का जो हो कारण,
जननि चित्र की सुभग,
करूँ मैं उसको धारण।

आशा मेरी पूत,
सिद्धि से हो संयोजित,
जान सकूँ प्रज्ञा को,
जो मन में है संस्थित।

वाल्मीकि

रामकाव्य का जन्म

स्नान हित पहुँचे तपोव्रत
तीर्थ तमसा-तीर
शिष्य से बोले अकर्दम
देख उज्ज्वल नीर!

वत्स! स्वच्छ प्रसन्न जल की
देख निर्मल कान्ति,
याद आती सन्त मन की
विगत कल्मष शान्ति!

कलश रख दो और दे दो
मुझे वल्कल चीर,
यहीं अवगाहन करूँगा
घाट यह गम्भीर!

शिष्य ने गुरु का श्रवण कर
वस्त्र हित आदेश,
यथाविधि अर्पित किया,
वल्कल उन्हें सविशेष!

शिष्य कर से वस्त्र लेकर
संयतेन्द्रिय सन्त,
लगे वन को देखने
जो था विपुल बिन अन्त!

क्रौंच - क्रौंची - युग्म देखा
निकट क्रीड़ासक्त,
मधुर कलरव, खेल में
सुख हो रहा था व्यक्त!

पाप निश्चय कर, अकारण
शत्रु, आया व्याध,
युग्म में से क्रौंच को
मारा कठिन शर साध!

रक्तरंजित गिरा भू पर
छटपटाता दीन,
रुदन करने लगी क्रौंची
करुण, सहचरहीन!

ताम्रवर्णी शीशवाला
स्नेहमत्त प्रसन्न,
उसी पति से रहित क्रौंची
हुई दीन विपन्न!

व्याध से हत क्रौंच की
दयनीय स्थिति का ज्ञान,
कर गया मुनि धर्मधन के
द्रवित आकुल प्राण!

देखकर तब विकल क्रौंची,
व्याध - चरित - अधर्म,
बह चली वाणी सहज
ले द्रवित उर का मर्म!

‘क्रौंच के इस मुग्ध जोड़े से
किया हत एक,
तू न पायेगा प्रतिष्ठा व्याध!
वर्ष अनेक।’

वचन कह ऋषि के हृदय में
फिर हुआ परिताप,
‘दे दिया शोकार्त्त मैंने
आज कैसा शाप!’

वे सुधी मतिमान् फिर
करके विचार विकल्प,
शिष्य अपने से लगे
कहने स्वयं संकल्प!

‘पाद - बद्ध, समान अक्षर
तन्त्र - गेय समर्थ,
श्लोक यह, शोकार्त्त उर का
हो न सकता व्यर्थ!’

मुनि वचन सुन शिष्य ने
उसको किया कण्ठस्थ,
देख गुरु का खिन्न मन भी
हो गया प्रकृतिस्थ!

चले आश्रम ओर कर विधि-
विहित मज्जनचार,
मार्ग में करते उसी,
संकल्प का सुविचार!

भरद्वाज प्रशिष्य लेकर
कलश जल से पूर्ण,
पन्थ में गुरु-अनुगमन,
करने लगा वह तूर्ण!

धर्मविद् पहुँचे निजाश्रम,
विनत शिष्य समेत,
ध्यान युत, सबसे कहा
संकल्प का संकेत!

अन्य वटु विस्मित प्रहर्षित
हो गये यह जान,
श्लोक का फिर लगे
करने मधुर स्वर गान!

चार चरण समान अक्षर-
रचित गुरु का गीत,
अन्यथा होगा न, दुख
जो बना श्लोक पुनीत!

पूत आत्मा गुरु हुए
संकल्प में संन्यस्त,
'श्लोक छन्दायित करूँगा
राम - चरित समस्त।'

हेमन्त

शस्य-मालिनी धरा
और नीहार-परुष है लोक,
जल अप्रिय हो गया
अग्नि करती है आज अशोक।

दक्षिण दिशिचारी रवि से-
है उत्तर दिशा विहीन,
तिलकहीन बाला सी उसकी
हुई कान्ति छबिहीन।

प्रकृतिदत्त हिमकोष, दूर
अब इससे है दिनमान,
सार्थक नाम हिमालय का
हो गया आज हिमवान्।

स्पर्शसुखद मध्याह्न, सुखद
इन दिवसों में संचार,
प्रिय लगता आदित्य, अप्रिय
छाया, जल का व्यवहार।

व्याप्त शीत है रवि लगता
कोमल तुषार से न्यस्त,

सूने हैं आरण्य, कमल के
वृन्द हो गये ध्वस्त।

नभ तल शयन वर्ज्य जिनमें
जो दीर्घ हुई पा शीत,
हिम से कुहराच्छन्न रहीं
ये पौष रात्रियाँ बीत।

भरत–मिलन

देख गजों को धावित
औ' सुन घोर महारव,
दीप्त तेजयुत लक्ष्मण से
बोले तब राघव।

'देखो हे सौमित्रि!
कहाँ से आता निःस्वन,
(जिसको सुनकर आज
हो गया अस्थिर यह वन।)'

तब लक्ष्मण ने चढ़कर
पुष्पित शाल वृक्ष पर,
राघव से यों कहा
सैन्य का अवलोकन कर।

'होकर के अभिषिक्त
राज्य करने निर्वाधित,
आते हैं यह भरत
हमारे ही वध के हित।

जिनके कारण आप
राज्य शाश्वत से वंचित,

वध्य शत्रु वे, मेरे
सम्मुख भरत समागत।

राघव करिये त्वरित
चाप अपने को शिंजित,
करिये शर-सन्धान
कवच से होकर सज्जित।'

तब लक्ष्मण को देख
क्रोध अस्थिर उद्वेजित,
राघव बोले वचन
उन्हें करने प्रशान्त चित।

'चाप का क्या कार्य
कैसा चर्म कैसी खड्ग,
जब समागत हैं सुधीवर
भरत सेना संग।

पिता से प्रतिश्रुत, करूँ
मैं यदि भरत वध आज,
क्या करूँगा ले उसे
जो है कलंकित राज्य?

बन्धु मित्रों के निधन से
प्राप्त वैभव-सार
अन्न विषमय ज्यों,
नहीं होगा मुझे स्वीकार।

बन्धु हों मेरे सुखी
हो क्षेम-मंगल-योग,

शपथ आयुध की
यही बस राज्य का उपयोग।

सिन्धु-वेष्टित भूमि पर
मुझको सुलभ अधिकार,
धर्म के बिन इन्द्र-पद
मुझको न अंगीकार।

बिन, तुम्हारे, भरत औ'
शत्रुघ्न बिन, सुखसार-
दे मुझे जो वस्तु उसको
अग्नि कर दे क्षार।

भ्रातृवत्सल भरत ने,
होता मुझे अनुमान,
आ अयोध्या में किया
कुलधर्म का जब ध्यान,

और सुन, मैंने बना
कर जटावल्कल-वेश,
अनुज सीता सह बसाया
है विपिन का देश।

स्नेह-आतुर चेतना में
विकलता दुख-जन्य
देखने आये भरत
हमको, न कारण अन्य।

अप्रिय कटु माँ को सुना,
कर तात को अनुकूल,

राज्य लौटने मुझे
आये, न इसमें भूल।

क्या कभी पहले भरत ने
कुछ किया प्रतिकूल?
जो तुम्हें इस भाँति हो
भय आज शंकामूल।

क्या किसी आपत्ति में
हो पुत्र से हत तात?
प्राण सम निज बन्धु का ही
बन्धु कर दे घात?

कह रहे इस भाँति तुम
यदि राज्य हेतु विशेष,
'राज्य दो इसको' कहूँगा
मैं भरत को देख।

शाल से तब उतर लक्ष्मण
बद्ध अंजलि हाथ,
पार्श्वस्थित शोभित हुए
बैठे जहाँ रघुनाथ।

भरत मानव-श्रेष्ठ देकर
सैन्य को आवास,
चले पैदल देखने
तापस - कुटीर - निवास।

तापसालय में विलोका
भरत ने वह धाम-

जानकी लक्ष्मण सहित
जिसमें विराजित राम।

भरत तब दौड़े रुदित
दुख-मोह से आक्रान्त,
चरण तक पहुँचे न भू पर
गिर पड़े दुख-भ्रान्त।

'आर्य' ही बस कह सके वे
धर्म में निष्णात,
कण्ठ गद्गद से न निकली
अन्य कोई बात।

जटा वल्कल सहित उनका
कृश विवर्ण शरीर,
कष्ट से पहचान भेंटे
अंक भर रघुवीर।

भरत को तब भेंटकर
शिर सूँघकर सप्रेम,
अंक में ले राम ने
पूछा कुशल औ' क्षेम।

—रामायण

थेरगाथा

1

श्याम घटा जब घिर छा जाती!

घन से भीत बलाकों के दल,
निलय खोजते उड़ चलते जब,
खोल पंख अपने चल उज्ज्वल!

तब अजकरणी सरिता भाती!

कृष्ण मेघ से हो आतंकित,
शिला-कन्दराओं में आश्रय—
चले खोजने जब बगुले सित,

तब तरंगिणी शोभा पाती!

सरिता के युग कूलों वाली,
मेरे गुहा निलय के पीछे
जम्बू की यह सघन द्रुमाली,

किसके मन को नहीं लुभाती!

आज सभीत नहीं हैं दादुर,
करते हैं वन प्रान्त निनादित,
मन्द मन्द ध्वनियों पर तिर-तिर

उनकी यही घोषणा आती!

‘पर्वत की सरिता को तजकर,
आज नहीं अवसर प्रवास का,
रम्य यहीं है वास क्षेमकर,

क्षेममयी यह नदी सुहाती!

—धम्मिको थेरो

2

हे वीर श्रेष्ठ यह समय सुखद,
नूतन आशाओं से स्पन्दित।

नव किशलय दल से युक्त द्रुमाली
लगती है अंगार-अरुण,
इन तरुओं ने अब त्याग दिये,
वे जीर्ण पत्र के शीर्ण वसन।

कोंपलें लाल सी अगणित ले
ये अर्चिष्मान् हुए भासित!
नूतन आशाओं से स्पन्दित!

द्रुम सुमन-भार से झुके हुए,
उच्छ्‌वसित सुरभि से दिग्दिगन्त,
पल्लव झर झर कर करते हैं
फल के हित अपना रिक्त वृन्त!

यह यात्रा का मंगल मुहूर्त्त है
आज हमारा शुभशंसित!
नूतन आशाओं से स्पन्दित!

अति शीत रहा अब असह नहीं,
अति नहीं उष्णता का प्रसार,
यह समय सुखद है आज वीर,
ऋतु आज हो गयी है उदार!

देखें कोलिय औ' शाक्य आप को
पश्चिममुख रोहिणी-तरित!

नूतन आशाओं से स्पन्दित!

—दसनिपात

आभा–कण

1

आवेग क्रोध का सके थाम
जो पथ विचलित रथ के समान,
सारथी कहाता वही सत्य
हैं अन्य रश्मि-ग्राहक अजान।

यह नियम सनातन, एक वैर
करता न दूसरे का अभाव,
निर्वैर भावना से जग में
होता सब शान्त विरोध भाव।

संग्राम-भूमि में जय पाता
कोई कर लाखों को सभीत,
पर सत्य समर-विजयी है वह
जो स्वयं आपको सका जीत।

क्या हास और आनन्द कहाँ
जलता जाता जो कुछ समीप,
घन अन्धकार से घिर कर भी
तुम क्यों न खोजते हो प्रदीप?

जय उपजाती है द्वेष-द्रोह
औ' पराभूत में दुःख-दाह,
जो हार जीत को तज प्रशान्त
उसका सुखमय जीवन-प्रवाह।

मल्लिका-मलय-कलि-तगर-गन्ध
प्रतिवात कभी पाता न राह,
दिशि दिशि सज्जन-सौरभ फैला
विपरीत बहा जब गन्धवाह।

—धम्मपद

2

चित्त जिसका हो चुका हो द्वेषमुक्त महान्,
सब कहीं सबके लिए हो सौमनस्य समान,

क्षेम से भर दिशि-विदिशि-भू-अन्तरिक्ष अछोर,
लोक को संस्पर्श कर जो विहरता सब ओर;

हो गया है सत्त्व जो सब वैर-द्रोह-विमुक्त,
मित्रता की भावना में एक रस संयुक्त,

एक सीमा में उसी से आचरित सविशेष,
आचरण त्यों हो न जाता है वहीं निःशेष,

ज्यों न रुकता शंखवादक का तनिक आयास,
दूर तक प्रतिध्वनि जगा भरता विपुल आकाश!

—दीघनिकाय

विराग-गीत

सत्यवादी के मृषा न बोल।

स्निग्ध कुंचित अलकों के गुच्छ
कभी काले थे भ्रमर समान,
जरा के कारण हैं वे आज
विरस सन वल्कल के उपमान।

सत्यवादी के मृषा न बोल।

मल्लिका के सौरभ से सिक्त
कभी था मेरा वेणीबन्ध,
जरा के कारण उसमें आज
शशक रोमों सी आती गन्ध।

सत्यवादी के मृषा न बोल।

प्रसाधित था यह केश-कलाप
सघन रोपित ज्यों हो उद्यान,
जरा से गलित पलित हैं केश
विरल सा अब पड़ता है जान।

सत्यवादी के मृषा न बोल।

वहन करता था उन्नत शीश
स्वर्ण भूषित वेणी का साज,
जरा से जर्जर होकर भग्न
झुक रहा है वह मस्तक आज।

सत्यवादी के मृषा न बोल।

कुशल शिल्पी-कर ने दी आँक
सुभ्रू मानो ये मंजु अनूप,
जरा से जीर्ण झुर्रियों बीच
आज लगती हैं नमित विरूप।

सत्यवादी के मृषा न बोल।

नीलमणियों की उज्ज्वल कान्ति
दीर्घ नयनों ने ली थी छीन,
जरा से अभिहत वे ही आज
हो गये धूमिल आभाहीन।

सत्यवादी के मृषा न बोल।

नासिका मेरी कोमल दीर्घ
शिखर यौवन का पड़ती जान,
वही दब आज जरा के भार
नमित है गलित सभी अभिमान।

सत्यवादी के मृषा न बोल।

कभी लगते थे श्रवण सुडौल
खरादे सुन्दर वलय समान,

हो गये वही झुर्रियों युक्त
लटकते से हैं आत निदान।

सत्यवादी के मृषा न बोल।

कदलि - कलिकावर्णी थी मंजु
कभी मेरे दशनों की पाँति,
जरा से खण्डित होकर आज
पीत यव की देती है भ्रान्ति।

सत्यवादी के मृषा न बोल।

विपिन - संचारी पिक की कूक,
सदृश जो था स्वर का संगीत।
जरा से उसके अक्षर भग्न
पूर्व स्वर - लय है आज अतीत।

सत्यवादी के मृषा न बोल।

खरादे श्वेत शंख सी स्निग्ध
कभी ग्रीवा थी मंजु सुडौल,
वही वृद्धावस्था के भार
नमित सी आज रही है डोल।

सत्यवादी के मृषा न बोल।

कभी थे मेरे बाहु सुगोल
गदा से सुगठित सुन्दर पीन,
जरा के कारण हैं वे आज
विटप पाडर - शाखा से क्षीण।

सत्यवादी के मृषा न बोल।

मुद्रिका स्वर्ण आभरण युक्त
कभी थे कोमल मेरे हाथ,
वही हैं गाँठ गठीले आज
जरा की दुर्बलता के साथ।

सत्यवादी के मृषा न बोल।

पुष्ट उन्नत यह मेरा वक्ष
कभी था सुगठित और सुगोल,
जलरहित चर्म-थैलियों तुल्य
जरा से है अवनत बेडौल।

सत्यवादी के मृषा न बोल।

कभी था सुन्दर और विशुद्ध
स्वर्ण के फलक सदृश यह गात,
जरा से आज हुई वह देह
झुर्रियों का विरूप संघात।

सत्यवादी के मृषा न बोल।

कभी मेरा सुन्दर उरु देश
बना था करिकर का उपमान,
जरा के कारण अब वह, शून्य
वंश-नलिका सा पड़ता जान।

सत्यवादी के मृषा न बोल।

स्वर्ण आभरण नूपुरों युक्त
पिण्डलियाँ थीं मेरी अपरूप,

शुष्क तिल-डण्ठल सी वे आज
जरा के कारण क्षीण विरूप।

सत्यवादी के मृषा न बोल।

चरण युग मेरे कोमल मंजु,
रहे हल्के ज्यों हल्की तूल
जरा ने उन्हें बना कर रुक्ष
झुर्रियों से भर दिया समूल।

सत्यवादी के मृषा न बोल।

गठित सुन्दर अंगों के साथ
कभी श्रीमय थी मेरी देह,
जरा के कारण ही वह आज
हो गयी जर्जर दुख का गेह।

सत्यवादी के मृषा न बोल।

शीघ्र ही ढह कर होता ध्वस्त
जीर्ण गृह जैसे यत्नविहीन,
जरा का गृह भी थोड़े यत्न
बिना ढह जायेगा ही क्षीण।

सत्यवादी के मृषा न बोल।

—अम्बपाली

अश्वघोष

बुद्ध जन्म

1

दीप्तिमय शोभित हुआ वह
धीर ज्योतिर्वेश,
भूमि पर उतरा यथा
बालार्क ले परिवेष।

चकित करके दृष्टि को
उसने लिया यों खींच,
केन्द्र ज्यों बनता नयन का
इन्दु नभ के बीच।

दिव्य अंगों से बरसती
स्वर्णदीप्ति अनन्त,
हो उठे भास्वर उसी से
दूर दूर दिगन्त।

सप्त ऋषि मण्डल सदृश वह
पुंज पुंज प्रकाश,
धीर दृढ़ ऋजु चरण से
कर सप्त पग का न्यास,

अभय सिंह समान उसने
फिर चतुर्दिक् देख,

धीर उद्घोषित किया निज
सत्य का आलेख–

'बोध हित है जन्म
भव-कल्याण मेरा लक्ष्य,
लोकहित अन्तिम हुआ
है जन्म यह प्रत्यक्ष!'

2

गिरिराजों से कीलित धरती
हुई तरी सी झंझा-कम्पित,
नभ निरभ्र से वृष्टि हुई नव
पंकज-संकुल चन्दन-सुरभित।

दिव्य वसन भू पर फैलाता
सुखद मनोरम बहा समीरण,
रवि ने अति भास्वरता पायी
सौम्य अग्नि जल उठी अनीन्धन।

विहग और मृगदल दोनों ने
रोक दिया कलरव कोलाहल,
शान्त तरंगों में बहता था
शान्त भाव से सरिता का जल!

शान्त दिशाएँ स्वच्छ हो गयीं
नील गगन था स्वच्छ मेघ बिन,
पवन-लहरियों पर तिरता था
दिव्य लोक के तूर्यों का स्वन।

—बुद्धचरित

वसन्त

देव! देखो मंजरित,
सहकार का तरु,
गन्ध - मधु - सुरभित,
खिला जिसका सुमन-दल,

बैठ जिसमें मधु-
गिरा में बोलता यह,
लग रहा है हेम-
पंजर-बद्ध कोकिल।

रक्त पल्लव युक्त,
आज अशोक देखो,
प्रेमियों के हित,
सदा जो विरहवर्द्धन,

जान पड़ता दग्ध-
ज्वाला से विकल हो,
कर रहे उसमें भ्रमर—
के वृन्द कूजन!

आज उज्ज्वल तिलक-
द्रुम को भेंट कर यह
पीतवर्ण रसाल-
शाखा यों सुशोभित,

शुभ्र वेशी पुरुष के
ज्यों संग नारी
पीत केसर-अंग-
रागों से प्रसाधित।

सद्य ही जिसको
निचोड़ा राग के हित,
वह अलक्तक कान्ति-
शोभी फुल्ल कुरवक,

नारियों की नख-
प्रभा से चकित होकर
आज लज्जा-भार
से मानो रहा झुक!

तीर पर जिसके उगे
हैं सिन्धुवारक
देख कर इस पुष्करिणि
को हो रहा भ्रम,

धवल अंशुक ओढ़ कर
मानो यहाँ हो,
अंगना लेटी हुई
कोई मनोरम।

दैव! आज वसन्त
में हो राग-उन्मद
बोलता है पिक सुनो
टुक यह मधुर स्वर,

और प्रतिध्वनि सी
उसी की जान पड़ता,
दूसरे पिक का 'कुहू'
में दिया उत्तर!

मोह से उन्मत्तचित
प्रमदा जनों ने
हाव भावों के चलाये
अस्त्र अनगिन,

मृत्यु निश्चित सोचता
वह धीर संयत,
हो सका न प्रसन्न
और न खिन्न उन्मन।

—बुद्धचरित

रथ यात्रा

सूत निपुण शुचि बली जहाँ था
सधे अश्व थे चार नियोजित,
स्वर्ण-घटित सज्जा युत रथ में
शाक्य कुमार हुए चढ़ शोभित।

माला बन्दनवार बँधे थे
जहाँ ध्वजाएँ मारुत-चंचल,
उस सज्जित पथ पर बिखरी थी
राशि-राशि सुमनों की कोमल।

नभ पर चढ़ता शनैः शनैः ज्यों,
तारक-दल से घिरा निशाकर,
घिरा सदृश अनुगामिजनों से
बढ़ता था कुमार उस पथ पर।

दर्शक पौर जनों के दृग थे
विस्फारित औ' भरे कुतूहल।
पथ उनसे शोभित था मानो
नीलोत्पल के बिछे अर्द्ध दल।

पथ पर राज कुमार जा रहे
समाचार भृत्यों से पाकर,

गुरुजन-अनुज्ञात उत्कण्ठित
महिलाएँ आयीं छज्जों पर।

पग-चापों से सोपानों पर
झंकृत कर रशना-नूपुर-स्वर,
करके भीत गृहों का खग-कुल
वे देती थीं दोष परस्पर।

जिनमें, एक बाल का कुण्डल
न्यस्त दूसरी के कपोल पर,
वे छोटे वातायन लगते
बाँधे कमल-गुच्छ ज्यों उन पर।

तेजकान्ति से युक्त वपुष् को
देख देख कर वे महिला जन,
'इसकी भार्या धन्य हुई है'
कहती थीं, पर शुद्ध-भाव-मन।

—बुद्धचरित

कालिदास

हिमालय

पूर्व और पश्चिम सागर तक
भू के मानदण्ड सा विस्तृत,
उत्तर दिशि में दिव्य हिमालय
गिरियों का अधिपति है शोभित।

पृथु-प्रेरित शैलों ने जिसको
पृथिवी-गो का वत्स बनाकर
मेरु-गोप से दुहा लिया सब
ओषधियों रत्नों का आकर।

रत्नों के आकर हिमगिरि की
हिम से हुई न शोभा कुण्ठित,
किरणों में कलंक सा छिपता
गण-समूह में अवगुण किंचित्।

गैरिक पीत धातु-शृंगों से
वह रँगता घन-खण्डों को जब,
अप्सरियाँ मण्डन करती हैं
असमय सन्ध्या के भ्रम से तब।

उन्नत शृंगों की रशना सम
मेघों की छाया में रह कर,
जाते वर्षाभीत सिद्धजन
आतपमय शिखरों के ऊपर।

गजघाती सिंहों के, जाते,
अंक जहाँ हिमधारा से धुल,
नख से बिखरी गजमुक्ता से
दिशि-इंगित पाता किरात-दल।

गज-शुण्डों पर लाल बिन्दु से
अंकित जिन पर लगते अक्षर,
विद्याधर-सुन्दरियाँ लिखतीं
प्रेम-पत्रिका भोजपत्र पर।

गुहा-मुखों से उठकर मारुत
करता वेणु-रन्ध्र सब सस्वर,
साथ दे रहा ज्यों गीता का
गाते जिसे तार स्वर किन्नर।

जब मस्तक-खुजलाते हैं गज,
देवदारु से संघर्षणरत,
उनसे बहकर क्षीर सुरभिमय
कर देता शिखरों को सुरभित।

दिवाभोत सा आश्रय पाता
रवि से दूर, गुहा में घन तम,
शरणागत क्षुद्रों को ममता,
देते हैं महान्, सज्जन सम।

चलती हैं चमरी गायें भी
चन्द्रोज्ज्वल पूँछें चंचल कर,
पर्वतराज नाम को सार्थक
करतीं मानो चँवर डुलाकर।

गंगा-जल-कण-वाहक मारुत
बहता देवदारु कम्पित कर,
फहराता मयूर-पंखों को
मृगयारत किरात का श्रमहर।

उच्च सरों से लेने आते
नित सप्तर्षि कमल अर्चन हित,
शेष कंजदल जहाँ खिलाता
रवि अपनी किरणें कर उन्नत।

देख यज्ञ-सामग्री का घर
उसे धरा-धारण में सक्षम,
विधि ने उसे यज्ञभागी कर
दिया नगाधिप का पद उत्तम।

—कुमारसम्भव

तपोवन यात्रा

1

गिरा अर्थ सम एक, जगत् के
माता पिता उमा वृषकेतु,
वन्दन करता हूँ मैं उनका
गिरा अर्थ साधन के हेतु।

कहाँ सूर्य-सम्भव सुवंश वह
कहाँ बुद्धि मेरी यह क्षुद्र,
तरने चला मोह के वश में
डोंगी लेकर महा समुद्र।

मन्दबुद्धि कवियश-प्रार्थी मैं
मुझ पर आज हँसेगा लोक,
दीर्घकरोचित फल के हित ज्यों
बौने को उद्‌बाहु विलोक।

अथवा रचा पूर्व कवियों ने
वाक्-द्वार जो यहाँ विशेष,
वज्रविद्ध मणि में डोरे सम
पाया मैंने सहज प्रवेश।

जो आजन्म शुद्ध हैं जिनको
देता कर्म सिद्धि का दान,
आसमुद्र धरती के स्वामी
गया स्वर्ग तक जिनका यान;

यथाविहित आहुति देते जो,
यथाकाम याचक को दान,
यथादोष दण्डित करते जो
जिन्हें सतत अवसर का ज्ञान,

त्याग लक्ष्य जिनके संचय का
सत्य अर्थ ही मित भाषण,
यश के लिए विजय-कांक्षी जो
गृही बने सन्तति कारण;

शैशव में विद्या का अर्जन
यौवन में विलास-विभ्रम,
तपोवृत्ति वार्द्धक्य जहाँ था,
योग जन्म का अन्तिम क्रम;

ऐसे रघुकुल के गुण सुनकर
चपल बुद्धि से प्रेरित चित्त,
अल्प गिरा-वैभव लेकर भी
कहता हूँ रघुकुल का वृत्त।

सुनें इसे वे विज्ञ सन्त जन
करते जो सत्-असत्-विभाग,
खरे और खोटे सुवर्ण की
एक परीक्षक रहती आग।

विज्ञ मान्य वैवस्वत मनु का
हुआ सूर्य कुल में अवतार,
आदि नृपति वे हुए वेद में
जैसे पहली ध्वनि ओंकार।

विमल-वंश-सम्भूत विमल मति
उसमें हुए दिलीप नरेश,
हुआ क्षीरसागर से जैसे
प्रकट कलाधारी राकेश।

वक्ष विशाल, वृषभ कन्धर औ'
दीर्घ भुजाएँ शाल समान,
निज कर्त्तव्य संवहन के हित
क्षात्रधर्म मानो वपुमान।

धरती को घेरे सुमेरु ज्यों
गुरु उन्नत उपमानविहीन,
वैसे ही उसने प्रताप से
लिया सभी का गौरव छीन।

आकृति के अनुरूप बुद्धि थी
शास्त्र-ज्ञान प्रज्ञा अनुसार,
विद्या के अनुकूल तभ था
औ' प्रयत्न सम फल-सम्भार।

परिजन थे सभीत आकर्षित
नृप-गुण निरख कठिन-कोमल,
भरा हिंस्र जीवों रत्नों से
जैसे हो सागर का तल।

उसकी प्रजा न कर पाती थी
मनु का कोई नियम अलीक,
कुशल सारथी युक्त यान के
चक्र लाँघते हैं कब लीक!

ज्यों सहस्र गुण कर लौटता
धरती को जल सूर्य प्रखर,
प्रजा वर्ग के मंगल हित वह
संचित लौटाता था कर।

सेना थी शोभा उसके हित
दो ही थे अमोघ साधन,
चढ़ी हुई शिंजिनी और
शास्त्रज्ञ बुद्धि का पैनापन।

इंगित से भी गुप्त मन्त्रणा
फल में ही पड़ती थी जान,
प्राक्तन संस्कार का जैसे
वर्तमान में हो अनुमान।

भीति रहित निज संरक्षण था
धीरज सहित धर्म में योग,
विगत लोभ धन का संचय था
अनासक्तिमय सुख का भोग।

ज्ञान मौन था, क्षमा शक्तिमय
त्याग प्रशंसा से विपरीत,
उसमें हो सहजात गये थे
भिन्न गुणों के द्वन्द्व सप्रीत।

वीतराग था विषयों के प्रति
विद्याओं में पारंगत,
मिली उसे धर्मानुराग से
वयोवृद्धता जरा रहित।

करके नित संयमन नियोजन
पुत्र समान भरण रक्षण,
हुआ प्रजा का सत्य पिता वह
जनक जन्म के ही कारण।

स्थिति के लिए दण्ड था उसका
सन्तति हित परिणय-समवाय,
अर्थ काम भी थे उसके हित
एक धर्म के ही पर्याय।

यज्ञ हेतु, निधि ले देता वह
मघवा शस्य हेतु जलधार,
दोनों विनिमय से करते थे
दिव-भू दोनों का उपकार।

उस रक्षक राजा का यश था
सबके हित दुष्प्राप्य विशेष,
पर धन-तस्कर के अभाव में
चोरी रही शब्द में शेष।

रोगी को औषध समान थे
अरि भी शिष्ट उसे अभिमत,
दुष्ट मित्र का त्याग सुकर था
अंगुली ज्यों विषधर से क्षत।

पंच महाभूतों का विधि ने
रचा उसे ही ध्रुव संघात,
तत्त्वों के सम उसके गुण भी
होते थे परार्थ ही ज्ञात।

वेला का प्राचीर जिसे
घेरे था परिखा बन सागर,
एकच्छत्र उसके शासन से
पृथ्वी थी ज्यों एक नगर।

मिली उसे पत्नी सुदक्षिणा
कुशला मगध वंश-संजात,
जैसे पायी है अध्वर ने
संगिनि चतुर दक्षिणा ख्यात।

अनुरूपा पत्नी से आत्मज
पाने की थी साध पुनीत,
इच्छित फल से दूर मनोरथ
ही में दिवस रहे थे बीत।

'अब सन्तति है साध्य' सोचकर
सबल भुजा से सहज उतार,
गुर्वी जगत्-धुरी का सौंपा
उसने निज सचिवों को भार।

पुत्रैषी दम्पति ने पहले
विधि का कर अर्चना विधान,
तब अपने कुल गुरु वशिष्ठ के
आश्रम ओर किया प्रस्थान।

2

स्निग्ध-मन्द्र रववाले रथ में
हुए युगल यों प्रतिभासित,
जाते हों पावस के घन पर
जैसे विद्युत् - ऐरावत।

आश्रम में बाधा के भय से
लिये अल्प संख्यक परिजन,
महिमा - परिवेशित लगते थे
घेरे ज्यों सेना अनगिन।

शाल रसों से सुरभित शीतल
करता तरुओं को कम्पित,
पुष्परेणु बिखराता पथ में
बहा पवन भी सेवा-रत।

रथ-चक्रों का मन्द्र घोष सुन
हो जाते मयूर उन्मुख
षड्ज-वादिनी केका की ध्वनि
दुहरा कर देते श्रुति-सुख।

रथ-निबद्ध-दृग खड़े हुए जो
मृग के जोड़े पन्थ समीप,
उनमें दृग-सादृश्य परस्पर
देख रहे दक्षिणा-दिलीप।

स्तम्भरहित बन्दनवारों से
पंक्तिबद्ध उड़ते नभ पर,
उन हंसों को, कलरव सुनकर
उन्मुख देख रहे ऊपर।

सफल मनोरथ के इंगित सा
बहता था अनुकूल पवन,
अश्व-खुरों से उठी हुई रज
छूती नहीं अलक-वेष्टन।

लहरों के सीकर से शीतल
लेकर कमलों का आमोद,
उनके निःश्वासों सा सुरभित
मारुत देता उनको मोद।

स्वयंदत्त औ' यज्ञ-यूप युत
पथ-ग्रामों में पहुँच क्षितीश,
अग्निहोत्रियों से पाते थे
अर्घ्योत्तर अमोघ आशीष।

वृद्ध गोप मिलते थे लेकर
गो का सद्य मथित नवनीत,
उनसे पथ के वन्य द्रुमों के
नाम पूछते चले सप्रीत।

पथ चलते शोभा पाते थे
वे परिहित उज्ज्वल परिधान,
हिम-निर्मुक्त योग में शोभित
चित्रा-संगी इन्दु मान।

पत्नी को पथ में दिखलाता
वन के विविध दृश्य छविमान्,
प्रियदर्शन विज्ञोपम भूपति
कब पथ बीता, सका न जान।

जिसके रथ के अश्व श्रान्त थे
यश जिसका दुष्प्राप्य विशाल,
वह रानीयुत ऋषि-आश्रम में
पहुँचा जाकर सायंकाल।

अलख अग्नि से अभिनन्दित से
वन से ले समिधा-कुश-फल,
जिस आश्रम में लौट रहे थे
वन से तपस्वियों के दल।

पाला था अपत्य सम जिसको
ऋषि-वधुओं ने दे नीवार,
खड़ा हुआ था वही हरिण-दल
रुँधे पर्णकुटी के द्वार।

थालों में जल पीने वाले
खग शंका से हों न अधीर,
हट जाती थीं मुनि-कन्याएँ
दे कर त्वरित द्रुमों में नीर।

आतप जाता देख किये
संचित, आँगन में जिसके कण,
बैठ उसी नीवार-राशि में
मृग करते थे रोमन्थन।

जिसमें आहुतियों से सुरभित
यज्ञ-अग्नियों से उद्भूत,
धूम, पवन लहरों पर उड़ उड़
अभ्यागत को करता पूत।

'अश्वों को विश्राम मिले' कह
दिया सारथी को आदेश,
पत्नी को रथ से उतार
आश्रम में उतरा स्वयं नरेश।

रक्षक नीतिविज्ञ राजा को
पत्नी सहित समागत जान,
शिष्ट संयमित मुनिवृन्दों ने
दिया उचित स्वागत सम्मान।

गुरु औ' गुरुपत्नी को नृप ने
देखा सन्ध्या विधि उपरान्त,
यज्ञ अग्नि के साथ यथा
शोभा पाती हो स्वाहा शान्त।

—रघुवंश

उद्‌बोधन

अब शयन त्यागो सुधीवर यामिनी बीती!

धुरी दुर्वह लोक की यह
बाँट दी विधि ने द्विधा कर,
जनक करते हैं वहन नित
एक को निस्तन्द्र रह कर,

अपर जिसके छोर के

तुम हो स्वयं वाहक धुरन्धर!
यामिनी बीती सुधीवर!

ये तुम्हारे नयन जिनमें
स्निग्ध सुन्दर पुतलियाँ चल,
वे कमल जो कोष में
बन्दी बनाये भ्रमर चंचल,

साथ ही खुल जायँ तो

उपमान बन जायें परस्पर!
यामिनी बीती सुधीवर!

वृन्त-शिथिल प्रसून लेकर
भेंट नव विकसित कमल-वन,
अन्य के गुण की धरोहर
ले बही प्रातः समीरण।

चाहती तब सहज सुरभित

साँस की समता सके कर!
यामिनी बीती सुधीवर!

किशलयों के ताम्र उर में
हार का ज्यों शुभ्र मोती,
ओस-कणिका पा नया
उत्कर्ष, समता योग्य होती,

ज्यों तुम्हारी स्मित खिली है

दसन-उद्भासित अधर पर!
यामिनी बीती सुधीवर!

तरणि से पहले अरुण ने
दे दिया तम को पराभव,
तात संगर में तुम्हारे
लक्ष्य करते शत्रु को कब,

जब स्वयं रणभूमि में तुम

अग्रसर होते धनुर्धर!
यामिनी बीती सुधीवर!

जग उठे हैं करवटें ले
श्रृंखलाएँ खींचते गज,
रक्तिमाभा प्रात की यों
दन्त-कोरक पर रही सज,

आज गैरिक शैल के

आये कहीं ये तट गिरा कर!
यामिनी बीती सुधीवर!

दीर्घ पटमण्डप-निवेशी
पारसीक तुरंग जागे,
हैं धरे जिन बाजियों के
लेह्य सैन्धव-खण्ड आगे,

अब मुखों की श्वास-ऊष्मा

से रहें उनको मलिन कर!
यामिनी बीती सुधीवर!

म्लान हैं अब सुमन के उपहार
लगती विरल रचना,
खो चुके हैं दीप जगमग
किरण का परिवेष अपना,

बद्धपंजर मंजुभाषी

कीर यह दुहरा रहा स्वर!
यामिनी बीती सुधीवर!

× × ×

सुप्रतीक जो देवों का गज,
निद्रित नभ गंगा-सिकता पर,
जाग उठा हो ज्यों हंसों की
मद से पटु कलरव ध्वनि सुनकर,

वैसे ही वैतालिक जन के
छन्द रचित वचनों को सुन अज,
विगतनिद्र हो गया प्रात में
दी उसने अपनी शय्या तज।

सुरभि अक्षि-पक्ष्मशोभी वह
सुप्रभात-विधियाँ कर विधिवत्,
गया स्वयंवर-राजसभा में
कुशल सेवकों द्वारा सज्जित।

—रघुवंश

अज विलाप

'सुमन के भी स्पर्श से जब
प्राण तन को छोड़ जाता,
मारने के हित न साधन
कौन सा पाता विधाता!

या मृदुल के अन्त हित विधि
खोजता साधन सुकोमल,
है मुझे अनुभव, न हिम का
भार सहते कमलिनी-दल!

प्राणहर माला न हरती
प्राण मेरा रह हृदय पर,
अमृत को विष, विष सुधा सम
दैव की इच्छा रही कर!

अशनिपात इसे किया या
दैव ने दुर्भाग्य के हित,
छोड़ जिसने द्रुम दिया लतिका
गिरा दी पर तदाश्रित!

सुमनमय, कुंचित भ्रमर सी
कृष्ण अलकें वातचंचल,

तुम उठोगी सोचते हैं
प्राण मेरे विरह-आकुल!

बन्द निशि में मौन अलियों—
युत अकेले कंज सा मुख,
लोल अलकों से घिरा नीरव
मुझे अब दे रहा दुख।

विरह सहकर इन्दु निशि औ'
चक्रवाक मिथुन मिले फिर,
हन्त निरवधि, विरह मेरा
दग्ध इससे क्यों न हो उर!

किशलयों की सेज पर भी
सुतनु! तुम पाती नहीं कल,
अब चितारोहण कहो कैसे
सहेंगे अंग कोमल!

शून्यगति तुम रहससंगी
मेखला अब है न मुखरित,
देख चिर निद्रा तुम्हारी
शोक के मानो हुई मृत!

पा गया तब मधु गिरा पिक
हंसियाँ गति मदिर अलसित,
लोल चितवन हरिणियाँ
विभ्रम लताएँ वात-कम्पित।

चाह थी सुरलोक की,
मुझको न पर छोड़ा अकेला,
सत्य ही निज गुण यहाँ
तुम रख गयी हो गगन-वेला!

पर विरह की गुरु व्यथा से
यह हृदय है भार-बोझिल,
दे नहीं पाते इसे ये आज
कुछ अवलम्ब सम्बल।

आम्र और प्रियंगु का तुमने
किया था युग्म निश्चित,
बिना शुभ परिणय इन्हें
क्या छोड़ जाना आज समुचित?

चरण से छूकर जिसे तुमने
किया था सफल दोहद,
फूल कर जब वह अशोक
नवल सुमन से जायगा लद;

केश-रचना में कभी जो
काम आते कुसुम नूतन,
किस तरह उनकी तिलांजलि
दे करूँगा सुमुखि! तर्पण!

धृति गयी, आनन्द गत, संगीत
नीरव, ऋतु निरुत्सव,
निष्प्रयोजन आभरण,
शयनीय मेरा शून्य है अब!

स्वामिनी गृह की रही तुम
मन्त्रणा में सचिव तत्पर,
कक्ष के एकान्त में मेरी
तुम्हीं प्रिय संगिनी वर।

तुम कलाओं में ललित
मेरी रहीं शिष्या प्रवीणा,
निष्करुण यम ने तुम्हीं को
छीन क्या मेरा न छीना!

प्रिय-विरह-व्याकुल नृपति के
मर्म करुण विलाप का स्वर,
सुन लगे रोने विटप रस-अश्रु
शाखा से गिरा कर।

—रघुवंश

प्रत्यागमन

देखो सुमुखि! सेतु से मेरे
भिन्न मलय तक फेनिल सागर,
छायापथ से ज्यों विभक्त हो
शरद्-प्रसन्न तारकित अम्बर।

आदि वराह रसातल से जब
पृथ्वी को लाये थे ऊपर,
प्रलय-प्रवृद्ध स्वच्छ जल इसका
बना धरा का घूँघट क्षण भर।

तुंग तरंगों से भुजंग ये,
तट पर निकले वायुपान हित
ज्ञात हुए जब रवि किरणों ने
फण-मणियाँ कर दीं उद्भासित।

मूँगों की श्रेणियाँ लाल हैं
देवि, तुम्हारे ज्यों अरुणाधर!
वेगवती लहरें जाती हैं
शंख-दलों को गिरा इन्हीं पर!

तीक्ष्ण अनीवले शिखरों पर
    निपतित, विद्धमुखों को लेकर,
कष्ट सहित ही शंखयूथ यह
    जल में फिर संचरण रहा कर।

घूम रहे आवर्त्त वेग से
    जल लेने के लिए झुके घन,
लगता है मानो करता है
    मन्दर फिर सागर का मन्थन।

लौह-चक्र-रेखा सी तन्वी
    ताल-तमाल वनों से श्यामल,
जंग लगी ज्यों धार दीखती
    दूर सिन्धु की वेला निश्चल।

इस तट पर आने में हमको
    यान-वेग से लगा निमिष भर,
फल-भारानत पूग, सीपियों
    से बिखरे मुक्ता सैकत पर।

मृगनयने! करभोरु! पन्थ पर
    अपने पीछे तो देखो टुक,
निकल रही दूरस्थ सिन्धु से
    धरा वनों के साथ अचानक!

नभ - गंगा - तरंग - चल - शीतल
    व्योमपवन, सुरगज-मद-सुरभित,
पीता, तव मुख-स्वेद-कणों को
    जो मध्याह्न ताप से उत्थित।

चण्डि! कुतूहल से छूती हो
घन को जब फैला अपना कर,
वलयाकार तडित् मिस मानो
कंकण नव पहनाता जलधर।

चिर परित्यक्त आश्रमों में निज
सुख से लौट बसे तापस जन,
अब निर्विघ्न जान कर जनपद
उटजों में रच रहे तपोवन।

—रघुवंश

संगम

सुतनु! देखो पुण्यसलिल-प्रवाहिनी अभिराम,
भिन्न जल को कर रहीं यमुना-तरंगें श्याम।

दृष्टिगत मुक्तावली सी है कहीं अवदात,
अन्तरित नीलम जिसे करते प्रभा से स्नात।

पुण्डरीकों से गुँथी ज्यों शुभ्र माला एक,
कर रहे चित्रित जिसे नीले सरोज अनेक।

मानसर-प्रिय हंसकुल की दे रही है भ्रान्ति,
पंक्ति में जिनकी मिले कलहंस धूमिल कान्ति।

श्वेत चन्दन-रचित भू-मुख का यथा श्रृंगार,
अगुरु-रेखा-चित्र करते श्यामता संचार।

शबल जिसको कर रहा है तिमिर छायालीन,
विमल विधु की विहँसती हो ज्यों विभा विस्तीर्ण।

शारदी सित मेघ का देती कहीं आभास,
झाँकता है रन्ध्र से जिसके सुनीलाकाश।

हो यथा शिवगात रंजितभूति उज्ज्वल रंग,
कर रहे जिसको अलंकृत असितवर्ण भुजंग।

—रघुवंश

सरयू

यह वही सरयू, सदा मेरे लिये जो मान्य,
धाय उत्तर कोशलों की एक जो सामान्य।

पुष्ट होते वे इसी की खेल सिकता-गोद,
वृद्धि पाते हैं मधुर पय-पान से सामोद।

स्वामि से विरहित हमारी जननि ही सी म्लान,
मान्य भूपति रहित सरयू आज पड़ती जान।

पवनशीतल इन तरंगों के उठा कर हाथ,
दूर ही से भेंटती है आज मेरा गात।

× × ×

कहते ही इस भाँति, दाशरथि का उर-अभिमत,
जान गया पुष्पक-रथ का चालक अधिदैवत।

देख रहे जब भरत प्रजा परिजन विस्मित से,
उतरा धरती पर विमान वह ज्योतिष्पथ से।

—रघुवंश

सन्देश

आषाढ़ मास का
प्रथम दिवस आया।

ज्यों गजेन्द्र क्रीड़ा में तन्मय
टकराता टीलों से निर्भय,
शैल शिखर-संलग्न मेघ
वैसे ही घिर छाया।

आषाढ़ मास का
प्रथम दिवस आया!

स्नेह जगा देने वाले के,
सम्मुख हो बादल काले के,
रोक आँसुओं को कुबेर का
अनुचर अकुलाया।

आषाढ़ मास का
प्रथम दिवस आया।

करके सुमन कुटज के संचित
घन को किया अर्घ्य से अर्चित,

प्रीति-वचन से कह शुभागमन
विरही हर्षाया!

आषाढ़ मास का
प्रथम दिवस आया।

धूम-ज्योति-जल-वायु-संवलित
कहाँ जलद का गात संघटित,
कहाँ संदेसा जिसे चतुर जन
ही पहुँचा पाया!

आषाढ़ मास का
प्रथम दिवस आया।

समझा यक्ष न बेसुधपन से,
करने लगा याचना घन से,
मोहमुग्ध ने जड़चेतन का
भेद नहीं पाया!

आषाढ़ मास का
प्रथम दिवस आया।

'संतप्तों के शरण वलाहक!
ले जाओ सन्देश प्रिया तक
मेरा, जिसकी धनद-कोप से
विरह-तप्त काया।

आषाढ़ मास का
प्रथम दिवस आया।

मन्द मन्द गति से संचारण
करता है अनुकूल समीरण,
बायीं ओर व्रती चातक ने
मधु-स्वर में गाया!

आषाढ़ मास का
प्रथम दिवस आया।

गयी धरा जिससे उर्वर बन,
हुए अंकुरित छत्रक अनगिन,
गर्जन तेरा सुखद आज
हंसों ने सुन पाया।

आषाढ़ मास का
प्रथम दिवस आया।

सम्बल कमल-नाल का लेकर
आकैलाश रहेंगे सहचर,
राजहंस ये उत्सुक जिनको
मानस सर भाया।

आषाढ़ मास का
प्रथम दिवस आया।

कभी मिलन के अवसर पाता
जो गिरि तुमसे स्नेह जताता,
तुमको जिसने मेघ, उष्ण
आँसू से नहलाया!

आषाढ़ मास का
प्रथम दिवस आया।

वन्ध राम-पद से चिह्नित जो,
पर्वत तुमसे आलिंगित जो,
उस संगी से आज विदा
लेने का क्षण आया!

आषाढ़ मास का
प्रथम दिवस आया।

इन्दु धनुष से सज्जित श्यामल
वपु यों छवि पा लेगा बादल,
मोर मुकुट युत गोपालक ही
उतर यथा आया।

आषाढ़ मास का
प्रथम दिवस आया!'

—मेघदूत

शरद्

मंजुल शरद् वधू सी आयी।

फूले हुए काँस का अंशुक,
विकचित कमलों में मनोज्ञ मुख,
उन्मद हंस-स्वरों में नूपुर,
पके शालियों में नत उसकी
देह-यष्टि सब के मन भाई।

भू पर काँस निशा में शशधर,
नदी हंसमय, कुमुदोंमय सर,
सप्तपर्ण फूले हैं वन वन
उपवन में भर फुल्ल मालती
जग में उज्ज्वल दीप्ति बिछाई।

रशना रम्य मछलियाँ चंचल,
हार हुआ तट का सित खगकुल,
अब पुलिनान्तनितम्बनि मनहर
नदियाँ भी बहती हैं मन्थर
प्रमदा सी गति मन्द सुहाई।

रजत मृणाल शंख से उज्ज्वल,
जो हल्के हो गये बिना जल,
पवन वेग से शतशः उड़कर
मेघों ने, ज्यों किसी नृपति पर
चल चँवरों की शोभा पाई।

मेघों में सुरचाप न शोभित,
तडित्-पताका भी अन्तर्हित,
बगुले करते व्यजन न नभ पर,
अब न मयूर देखते उन्मुख
श्याम घटाओं की सुघराई।

शेफालिका - सुमनदल - सुरभित,
पक्षिकुलों के कलरव-मुखरित,
उत्पल दृग मृगियों से संकुल,
उपवन भी करते हैं, पुलकित,
छू कर मानस की गहराई!

लहराता है जहाँ शालिदल,
जहाँ स्वस्थ चरता है गो-कुल,
सारस-हंस-युग्म कलरव-रत,
उस भूतल ने जनमन में नित
सुख की एक हिलोर उठाई!

चन्द्र-तारिकाओं से चित्रित,
व्योम हुआ मेघों से विरहित,
राजहंस औ, विकच कुमुदयुत
मरकत-जल से पूर्ण सरोवर—
की अब नभ ने समता पाई।

—ऋतुसंहार

वसन्त

1

सूर्य उत्तर मुख हुआ
दक्षिण दिशा को छोड़,
अरुण सारथि ने तभी
ली अश्व-वल्गा मोड़।

दूर कर हिम प्रात का,
कर शीत का अवसान,
दीप्त करके मलयगिरि,
रवि ने किया प्रस्थान।

प्रथम फूले सुमन फिर ये
कोंपलें सुकुमार,
फिर विपिन में छा गया
अलि-वृन्द का गुंजार।

प्रकट पंचम में पिकी का
तब हुआ उल्लास,
शनैः वन-भू में किया
ऋतुराज ने पदन्यास।

भ्रमर-दल, अंजन-रचित
पत्रावली का जाल,
तिलक-सुमनों का लगाया,
तिलक अपने भाल।

बाल-रवि रक्तिम सुकोमल
ले रसाल प्रवाल,
माधवी-श्री ने किये,
मानो अधर निज लाल।

—ऋतुसंहार

2

आये अब मधु-वासर नूतन!

जब कम्पित कर जाती वतास,
लपटें लगते फूले पलाश,

किंशुक-सज्जित भू नवल वधू,
पहने ज्यों रक्तांशुक शोभन!

चंचल रसाल-शाखाएँ कर,
दिशि दिशि में फैला कोकिल-स्वर!

हिमपात रहित इस मधु दिन में,
बह रहा वात हरता जन-मन!

जिनके शिखरों पर तरु कुसुमित,
गुंजित अलि-पिक के राग अमित,

वे अचल शिलाओं से संकुल,
कर रहे दृष्टि का अभिनन्दन!

जिस में बहता है मलय वात,
पिक करता जिसको राग-स्नात,

सुरभित मधुवर्षी अलि-वेष्टित,
वर ऋतु यह तुमको करे प्रमन!

सहकार-मंजरी जिसके शर,
किंशुक ही जिसका चाप सुघर,

भ्रमरों की पंक्ति शिंजिनी है,
उन्मद गज जिसका मलय पवन;

पिक वैतालिक, विधु-श्वेत छत्र,
जो अतनु जीतता विश्व अखिल!

संगी वसन्त का यह अनंग,
कर दे तुमको मंगल वितरण!

—ऋतुसंहार

ग्रीष्म

ग्रीष्माकुल मयूर बैठा है
तरु के आलवाल में शीतल,
कर्णिकार का मुकुल भेद कर
छिपना चाह रहा अलि चंचल।

तप्त वारि तजकर जल-कुक्कुट
बैठा तटनलिनी छायातल,
क्रीड़ा-गृह के पंजर का शुक
क्लान्त भाव से माँग रहा जल।

—विक्रमोर्वशी

वर्षा

विद्युत् से स्वर्णाभ मेघ ही छत्र मनोहर,
निचुल डुलाता मंजरियों के मुझ पर चामर।

विगतताप कलमुखर शिखी मेरे बन्दीजन,
निर्झर-मुक्ता भेंट दे रहे शैल प्रजागण।

—विक्रमोर्वशी

विदा

आज विदा होगी शकुन्तला
सोच हृदय आता है भर-भर,
दृष्टि हुई धुँधली चिन्ता से
रुद्ध अश्रु से कण्ठ रुद्धस्वर।

जब ममता से इतना विचलित
व्यथित हुआ वनवासी का मन,
तब दुहिता विछोह नूतन से
पाते कितनी व्यथा गृहीजन!

ग्रहण किया था कभी न जिसने
तुम्हें पिलाये बिना स्वयं जल,
मण्डनप्रिय होने पर भी जो
नहीं स्नेह से तोड़ सकी दल,

जन्म तुम्हारे नव मुकुलों का
जिसके हित होता था उत्सव,
वह शकुन्तला जाती पतिगृह
आज अनुज्ञा दो इसको सब।

जिसका कुश से विद्ध देख मुख
इंगुदि-तेल लगाया क्षत-हर,

साँवाँ कण दे पाला सुत सम
खड़ा हरिण वह राह रोक कर!

जिनसे उत्पक्ष्मण तेरे दृग
देख न पाते पथ नत-उन्नत,
धीरज धरकर अश्रु पोंछ ले
विषम-भूमि, हों चरण न विचलित।

× × ×

कमल वनों से हरित सरोवर
मिलें पन्थ में रम्यान्तर हों,
छाया सहित पन्थ के द्रुम भी
रवि-किरणों के आतपहर हों,

सरसिज के कोमल पराग सा
मृदुल पन्थ का धूलि-निचय हो,
शान्त और अनुकूल पवन से
यह तेरा पथ मंगलमय हो।

—अभिज्ञानशाकुन्तल

भवभूति

दण्डकारण्य

1

कहीं रुक्ष विस्तार घोर से
कहीं स्निग्ध श्यामल लगता वन,
कर देते हैं मुखर दिशाएँ
यत्र-तत्र ये निर्झर के स्वन!

तीर्थाश्रम कान्तार युक्त थे
पर्वत गर्त्त नदी से शोभित,
लगते हैं दण्डकारण्य के
भूमिभाग ये मुझको परिचित।

कहीं स्तब्ध औ' नीरव हैं वन
कहीं वन्य जीवों से गर्जित,
स्वेच्छा-सुप्त विशाल फणों युत
उरगों के निश्वास प्रज्वलित।

वनप्रान्तर के लघु गर्त्तों में
अल्प किन्तु है स्वच्छ भरा जल,
अजगर के प्रस्वेद कणों को
पीते गिरगिट यहाँ तृषाकुल।

2

मत्त विहग-संकुल वानीरों के सुमनों से
जिनका शीतल स्वच्छ सलिल होता है सुरभित,
पक्व फलों से श्यामल जम्बू के कुंजों में
धाराओं में बँट वे निर्झर मुखर प्रवाहित।

गुहा निवासी यहाँ तरुण भल्लूकों का रव
प्रतिध्वनियों से होता है गम्भीर प्रसारित,
सौरभ फैला शीत तिक्त सल्लकी द्रुमों का
जिनकी शाखा-ग्रन्थि गजों से हुई विदारित।

ये वे ही गिरि मुखर, मयूरों की केका से
वनस्थली है वही मत्त हरिणों से संकुल,
जहाँ निचुल पादप जल में गहरे डूबे हैं
वही नदी तट जहाँ मंजु लतिकाएँ वंजुल।

गोदावरी नदी बहती जिसके प्रान्तर में
दीख रहा है वही यहाँ से पर्वत प्रस्रवण,
जो होकर भी दूर भ्रान्ति देता समीप की
मेघों की माला सा है जिसका नीलापन।

जिसका उन्नत शिखर वास था गृद्धराज का
नीचे हम थे पर्णकुटी वासी आनन्दित,
वह वनान्त था रम्य, ध्वनित खगकुल कूजन से
करती गोदावरी हरित तरु-श्री प्रतिबिम्बित।

जहाँ कभी था स्रोत वहाँ सिकता का तट है
तरुओं के घन-विरल भाव भी हैं परिवर्तित,
कालान्तर में देखा वन लग रहा अन्य सा
विपिन वही विश्वास दे रहे स्थिति से पर्वत।

क्रौञ्चावत गिरि यही जहाँ कीचक-कुंजों के
मर्मर से मिल रहा उलूका का कर्कश-रव,
बैठ नीड़ में कुंजों के जो बोल रहे हैं
सुन जिसको काकों का कुल हो जाता नीरव।

यहाँ घूमते हैं मयूर जिनकी केका से
हो जाता है उरग-वृन्द उद्वेलित चंचल,
चढ़ पुराण चन्दन वृक्षों की शाखाओं पर
लिपटे विषधर यहाँ मयूरों के भय-विह्वल।

—उत्तररामचरित

राम

1

दलित उर को कर रहा है घोर दुख का वेग,
पर नहीं दो खण्ड हो जाता हृदय यह टूट।
शोक-मूर्च्छित हो रहा है विकल मेरी देह,
चेतना से, किन्तु यह पाती नहीं है छूट।

दग्ध करता गात मेरा तीव्र अन्तर्दाह,
किन्तु उसको कर न पाता वह जलाकर क्षार।
नियति मेरे मर्म पर करती कठिन आघात
काटती है, किन्तु वह मेरा न जीवन-तार।

तोड़ संयम कष्टकर जो बह चली निर्बन्ध
क्षुब्ध होकर वेदना की यह सवेग तरंग,
फैलती है चेतना पर, ज्यों प्रचण्ड प्रवाह
वेग में दुर्वार करता सेतु सैकत भंग।

2

यत्नों के कारण जिसमें थे
विविध विनोद भाव भी सम्भव,
वीरों के संघर्ष जगाते
जगती में अद्भुत रस अभिनव।

मुग्धाक्षी का पूर्व विरह था
शत्रुनाश तक ही परिसीमित,
कैसे मूक विरह यह झेलूँ
जो निरुपाय, अवधि से विरहित!

जहाँ व्यर्थ सुग्रीव सख्य है
कपियों का भी व्यर्थ पराक्रम,
जाम्बवान् की प्रज्ञा निष्फल
मारुति की गति नहीं जहाँ पर

जहाँ विश्वकर्मा सुत नल भी
मार्ग बनाने में है अक्षम,
प्रिये! कहाँ हो, जहाँ पहुँचने
में अशक्त हैं लक्ष्मण के शर?

× × ×

एक करुण रस ही निमित्त वश
विविध भाव में जाता है ढल,
ज्यों आवर्त वीचि बुद्‌बुद में,
परिवर्तित हो एक रहा जल।

—उत्तररामचरित

जयदेव

मंगलाचरण

तिमिराच्छन्न गगन को करते
घिरते आते हैं यह बादल,
घन तमाल वृक्षों की छाया-
से वन-भू लगती है श्यामल।

रजनी के तम में होता है
यह गोपाल भीति से उन्मन,
राधे! इसे धाम पहुँचा दे,
नन्द महर से पा निर्देशन:

यमुना-तट के कुंज-पथों पर
जो चल देते स्नेह-मुग्धमन,
उन दोनों राधा माधव की
जयति सदा मधु-क्रीड़ा पावन!

—गीतगोविन्द

गीत

छाया सरस वसन्त विपिन में
करते श्याम विहार!
युवति जनों के संग रास रच
करते श्याम विहार!

ललित लवंग लताएँ छूकर
बहता मलय समीर;
अलि-संकुल पिक के कूजन से
मुखरित कुंज-कुटीर;

विरहि-जनों के हित. दुरन्त
इस ऋतुपति का संचार!
करते श्याम विहार!

जिनके उर में मदन जगाता
मदिर मनोरथ-भीर,
वे प्रोषित पतिकाएँ करतीं
करुण विलाप अधीर,

वकुल निराकुल ले सुमनों पर
अलिकुल का सम्भार!
करते श्याम विहार!

मृगमद के सौरभ सम सुरभित
नव पल्लवित तमाल
तरुण जनों के मर्म विदारक
मनसिज नख से लाल—

किंशुक के तरुजाल कर रहे
फूलों से श्रृंगार!
करते श्याम विहार!

राजदण्ड स्वर्णिम मनसिज का
केशर - कुसुम - विकास,
स्मर-तूणीर बना है पाटल
लेकर भ्रमर-विलास।

करता है ऋतुपति दिगन्त में
वासन्ती विस्तार!
करते श्याम विहार!

विगलित-लज्जा जग सहता है
तरुण करुण उपहास,
कुन्तमुखाकृतिमयी केतकी
फूल रही सोल्लास,

विरहिजनों के हृदय निकृन्तन
में जो है दुर्वार!
करते श्याम विहार!

ललित माधवी परिमल से,
मल्लिका - सुमन - अभिराम,

मुनियों का मन भी कर देता
यह ऋतुराज सकाम,

बन्धु अकारण यह तरुणों का
आकर्षण - आगार!
करते श्याम विहार!

भेंट लता अतिमुक्त, मंजरित
पुलकित विटप रसाल,
तट पर भरा हुआ यमुनाजल
रहा जिसे प्रक्षाल,

वह वृन्दावन पूत हो रहा
पा अभिषेक उदार!
करते श्याम विहार!

इसमें है श्रीकृष्ण-चरण की
मधु स्मृतियों का सार,
मधुर वसन्त-कथा में मनके
भाव मदन अनुसार;

श्री जयदेव रचित रचना यह
शब्दों में साकार!
करते श्याम विहार!

—गीतगोविन्द

●●●